诗书画品

# 道德經

野云◎著

CNS PUBLISHING & MEDIA 中南出版传媒 | 岳麓書社·长沙

## ●○○ 《道德经》是一本什么样的书

《道德经》是一本什么样的书？千百年来，人们众说纷纭。

**有人说，《道德经》是一本哲学书。**是的，老子非常清晰地回答了宇宙的进化、生命的起源这一哲学的基本命题。他认为宇宙万物产生于一种被称之为“道”的东西，这个东西就是自然规律。老子说：“有物混成，先天地生，寂兮寥兮，独立不改，周行而不殆，可以为天下母，吾不知其名，字之曰道。”老子的伟大，在于他2500年前就认识到宇宙万物不是上帝和神创造的，而是在自然规律的作用下自然演化而来的。

《道德经》一书，洋洋洒洒五千言，核心在哪里？四个字“道法自然”。老子在探索宇宙的过程中，还发现宇宙万物总是以对立统一的形式存在，充满了矛盾，这就是“有无相生，难易相成，长短相较，高下相倾，音声相和，前后相随”。而事物矛盾对立的双方不是静止的，它们会随着条件的变化而向对立面转化，比如“物极必反”，比如“祸兮福之所倚，福兮祸之所伏”。既然事物会向对立面转化，那人类怎样把握这种转化？驾驭这种转化？利用这种转化？老子说：“去甚，去奢，去泰”“功遂身退，天之道也”“天之道，利而不害，圣人之道，为而不争”。老子从认识事物以对立统一的形式存在，到认识事物对立面的相互转化，再到把握、驾驭、利用这种转化的这三个步骤，形成了他完整的辩证思想。

有人说，《道德经》是一本文学书。作为哲学家的老子，他行文用字的巧妙、写作风格的精妙和艺术手法的美妙，绝无愧为一位伟大的文学家。我们来看看他在书中是怎么形容古代那些得道的高人的："豫焉若冬涉川，犹兮若畏四邻；俨兮其若客，涣兮若冰之将释；敦兮其若朴，旷兮其若谷；混兮其若浊。"他连用7个形容词，7个感叹句，把文人们的形态和心理描绘得惟妙惟肖，出神入化。细细读来，时而如春雨落地，时而如秋风扫叶，时而如断崖流瀑，时而如长空霹雳……

他们谨小慎微，
在冬天的河床上如履薄冰；
他们警觉敬畏，
与人相处总是如见高邻。
他们温文尔雅，恭谦俭让，
郑重其事，像赴宴会的嘉宾；
他们豪放洒落，动静自如，
像春天的冰凌，缓缓消融。
性情纯朴敦厚，像秀木天成；
胸怀宽广豁达，如山谷幽深。

茫茫人海，他们深藏不露，

浪迹江湖，他们不辨鱼龙

（野云译诗）

五千字的《道德经》，可以说是字字珠玑。老子用诗一样的语言，描绘出了一个朴素、自然、豁达、飘逸的宇宙和一个千变万化的社会。他使用的文字和词语极富韵律和美感。他行文擅长使用比喻：用空谷比喻道体，用水比喻道德，用婴儿比喻道境，用烹鱼比喻治国，用大海比喻胸怀，用弓箭比喻天道平衡，用女人比喻以柔克刚。这些比喻无不形象生动，令人印象深刻。在文法上，他特别喜欢用排比句，给人的感觉就像层层叠叠的波浪，前推后涌，奔腾向前，最后砸在礁石上，又从礁石上翻转过来，溅起万千浪珠。例如这几句排比："载营魄抱一，能无离乎？抟气致柔，能婴儿乎？涤除玄鉴，能无疵乎？爱民治邦，能无为乎？天门开阖，能为雌乎？明白四达，能无知乎？"

灵与肉的结合，神与形的统一，

怎样才能和谐融洽，不散不离？

温润柔和，培养良好的气质，

能不能像赤子一样百顺百依？

清除杂念，洞察内心的瑕疵，

能不能如明镜一般透彻清晰？

爱民治国有千万条道理，

不妄作为是基本的命题。

无论大展宏图还是功成身退，

心中可有慈母般的大爱情谊？

纵然大功告成，声名远播，

能否大智若愚，少用心机？

（野云译诗）

**有人说，《道德经》是一本军事书。**确实，《道德经》在很多章节里都谈到了用兵，谈到了军事上的战略战术问题。例如，“以道佐人主者，不以兵强天下”（用自然规律来治理天下的人，不依仗军队来称霸天下）；他还说：“夫佳兵者，不祥之器。物或恶之，故有道者不处。”意思是兵器是不吉祥的，大家都厌恶它，有道之人不会与它为伍的。老子是和平主义者，他是反对战争的。但老子又是一个现实主义者，他认为人类在“大同”到来之前，战争是不可避免的。所以要准备打仗，要研究战争。老子提出“以正治国，以奇用兵，以无事取天下”，以奇用兵是老子军事理论的高度概括和总结，一个“奇”字，涵盖了古今中外所有兵书的真正内涵。因此，人们把《道德经》视为军事书是有道理的。

老子在反对战争的前提下，提出了许多战略战术。比如他说：“善为士者，不武。善战者，不怒。善胜敌者，不与。

善用人者，为之下。是谓不争之德，是谓用人之力，是谓配天，古之极也。”意思是，善作将帅的人，不崇尚武力；善于作战的人，不轻易动怒；善于战胜敌人的，不与其争斗；而善于用人的将帅，则会对人谦下，这就是不争的奥妙，是用人的诀窍，是符合自古以来的军事规律的。老子还告诉将帅们带兵打仗应做到“行无行，攘无臂，扔无敌，执无兵”（布阵看不到阵容，呐喊看不到手臂，敌人不知道我在哪里，对面相逢也不知我是他的对手），真是运筹帷幄之中，决胜千里之外。

有人说，《道德经》是一本管理书。甚至有人说它是老子写给历代统治者（管理者）的一封言辞恳切的长信。是的，如果将老子在书中经常提到的“圣人”“侯王”“万乘之主”“人主”“君”“上”等，代指为我们的各级领导、各级管理人员的话，那《道德经》就真是一本名副其实的现代管理秘笈。我们选几句来看看老子是如何谆谆教导，或严厉警告我们的：

道，常无为，而无不为，侯王若能守之，万物将自化；

圣人常无心，以百姓心为心；

圣人不积，既以为人，己愈有；既以与人，己愈多。

生而不有，为而不恃，长而不宰，是谓玄德。

民之饥，以其上食税之多，是以饥。

民不畏死，奈何以死惧之；

类似的句子，书中比比皆是。老子的这些观点，无论古今、无论中外，无论作为管理理念、管理模式，或者管理方法，都是各级各类管理者的金玉良言。另外老子还有很多警句也是各级领导和管理者须臾不可忘记的，比如：光而不耀、谦卑低调、礼贤下士、大智若愚、深藏不露、以柔克刚、后发制人等等。

在我国历史上，很多帝王不仅特别爱读老子的书，而且还亲自批注解释，阐述他们对《道德经》的理解和感悟，现在流传下来的有：唐玄宗的《道德真经注》《道德经义疏》，宋徽宗的《御注道德真经》，明太祖的《御注道德真经》，清太祖的《御注道德真经》。

有人说，《道德经》是一首优美的诗。因为《道德经》的文体本身就是中国春秋战国时期的一种韵文哲理诗体。它不但有诗的形式，还有诗的韵律，并充满了诗歌的美。只是由于年代久远，这种诗体已经不用了，于是大家就都把它当成散文、论证文、哲理文来读了。

是啊，两千多年来，岁月沧桑，诗变成了文章。其中好多的字、词、意也发生了很大的变化。我们现代人，尤其是青少年，很多已经看不懂《道德经》了。因此，作者下决心把它翻译、还原成诗（现代诗），希望我们的年轻一代能够像古代的青少年学习《三字经》《弟子规》《百家姓》和《增广贤文》时一样，在学习《道德经》的时候，能够读来朗朗上口，不但可以更深刻地领会《道德经》精辟的思想理念，还能欣赏到其中优美的文字和诗歌。而且，这对于《道德经》更广泛地传播也是一种非常好的方法。当然，全面、系统和准确地注释《道德经》这部伟大的著作，不是作者的“诗说”能够完全“说”清楚的。“千人说道，千般景象。”这本身就有百花齐放、百家争鸣的意思，也符合老子行文千变万化、鬼斧神工的原意。

那么，《道德经》该怎么诗说呢？“道可道，非常道。名可名，非常名。”就说这开篇第一句，短短12个字，学术界却争论了2000多年也没扯清楚，依然是仁者见仁，智者见智。这也难怪，因为老子本人有意没交代清楚。道，是可以说清的。但它又不是一般的“道”，它是什么“道”呢？老子没说。老子心里的意思和后面文中的意思应该是说：道，是王者的治国之道；人们的修身之道，处世之道，还有千变万化的天地之道等等。于是，作者诗译道：

什么是道？
用怎样的形式来把它言表？
它就是人们常说的那些道理？
它也是千变万化的天地之妙！

什么是名？

用怎样的语言来把它说清？

它是高官厚禄、家国名姓？

还是彪炳史册、浩瀚丹青？

尽管比原文多说了几句，但也只是用设问的形式，把老子可能要说的话点了一下。当然用现代的眼光看，文字上似乎美了一些。

回到标题上来，《道德经》到底是一本什么样的书？其实已没有必要回答了，它已经深深地融入到中华民族优秀的传统文化和我们今天的工作及生活之中了。尼采说得好：“老子的《道德经》就像一个永不枯竭的井泉，盛满宝藏，放下汲桶，便唾手可得。”

# ○●○ 老子简介

老子，名李耳（约公元前571—前471年），字伯阳，谥号聃。西周楚国苦县（今河南鹿邑东）厉乡曲仁里人。我国伟大的哲学家和思想家之一。中国道家的创始人，被道教奉为教主，唐代被追封为太上老君，世界文化名人。

老子博学多知，思想深邃。曾任周朝的“守藏室之史”（相当于现在国家图书馆馆长之职）。他与孔子为同时代人，但比孔子的年纪大20岁左右。孔子周游列国，曾两次登门拜访老子，请教周礼和天地大道等问题。孔子拜访老子后对弟子说：“龙，我不能知；我今天见到老子，他真像龙啊！”

公元前516年，周王朝发生内乱，国势日渐衰微。老子遂辞职归隐。传说他倒骑青牛，欲出函谷关，取道秦国去周游列国。守函谷关的官员叫尹喜，他素知老子学问大、智慧高，见老子要离关出走，便要他将毕生的学问和智慧写下来，否则不放他出关。老子无法，只得将自己对自然的看法、对天下的兴衰、对人生的福祸安危等一字一句地写在了竹简之上。《道德经》这部惊天动地的伟大著作便这样诞生了！

尹喜得之，如获至宝。老子也跨上青牛，拂袖而去。从此野鹤闲云，不知所踪。

# ○○● 作者简介

## 作者

野云　本名康巨峰，湖南长沙人，工商管理硕士（MBA）。长沙市社会科学院研究员，文化学者、诗人，长沙市钱币协会会长。中国历代钱币和中国传统湘绣收藏鉴赏家。著有：《古钱——发掘历史财富的投资方式》《百年湘绣——老湘绣的收藏》。

## 绘画

曾涤尘　职业画家，艺术家。中国意象画会研究员，湖南省美术家协会会员，长沙市油画艺术委员会副主任。工油画、国画、水彩画及钢笔速写，善诗文，笃信老子学说。作品讲究气的流动，线的狂舞和色的绚丽。个性张扬，艺术创作充满激情，被誉为“艺坛怪杰”“色彩大师”。他开创的暗物质绘画理论在艺术界产生了较大影响，其作品多次获奖，被国内外美术馆、收藏家广为收藏。

## 甲骨文

谢兆岗　全国甲骨文研究专家，甲骨文书法家。从事甲骨文研究30年，开发制作了中国第一部甲骨文标准字库（甲骨文文字系统），形成了独特的甲骨文书法体系，业界有“中国甲骨文书法之父”的美誉。现任中国甲骨文书法艺术研究会副会长，中国甲骨文书法学术委员会委员，中国殷商文化学会副秘书长，湖南省甲骨文学会会长。其最新力作《道德经》书法，是中国第一部用甲骨文全文书写的作品，在《道德经》研究史和甲骨文书写史上具有里程碑的意义。

**书法**

张洪　字若水，号湖中人。书法家，从事书法创作及研究近40年。其作品多次在全国和省市书法大赛中获奖，尤其是一手漂亮飘逸的行书获得广大群众喜爱和收藏。

# 目录

目

录

目录

## 第一章

# 众妙之门

原文

道　可道　非常道
名　可名　非常名

无名　天地之始
有名　万物之母

故常无　欲以观其妙
常有　欲以观其徼

此两者同出　而异名同谓之
玄之又玄　众妙之门

诗译

什么是道？
用怎样的形式来把它言表？
它就是人们常说的那些道理？
它也是千变万化的天地之妙！

什么是名？
用怎样的语言来把它说清？

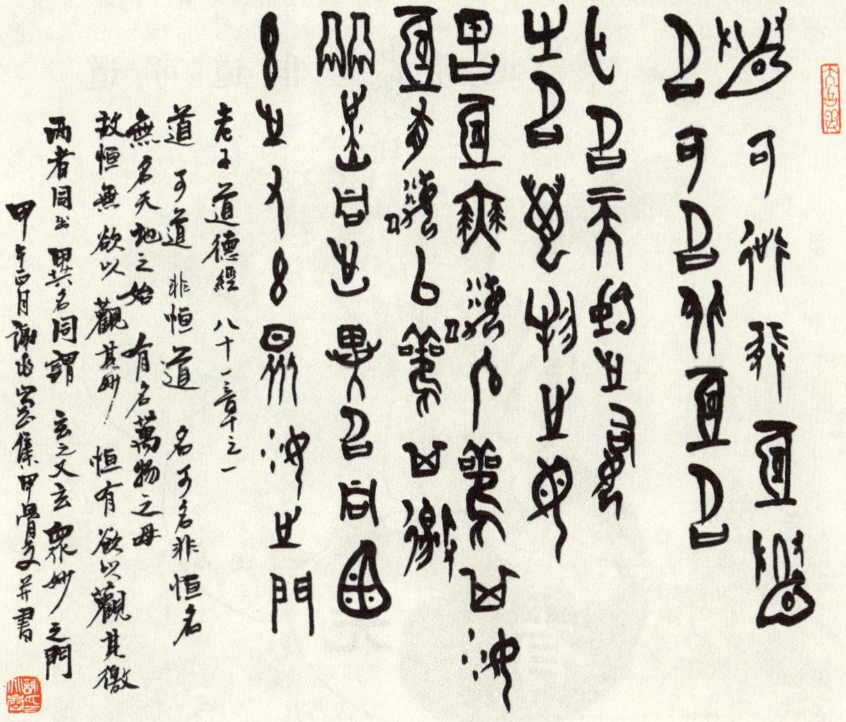


它是高官厚禄、家国名姓？
还是彪炳史册、浩瀚丹青？

用无来说明天地开始的情形，
用有来表达万物产生的原因；
从无中来观察自然的奥妙，
在有里去体会事物的核心。

似乎名与道玄而又玄，无态无形；
原来无和有同宗同族、共姓异名；
它们是探索茫茫宇宙的途径，
它们是把握悠悠万物的总门。

品读

开宗明义，老子将“道”赋予了哲学含义：凡可用语言说清楚的，就不是永远的“道”；凡可用语言讲明的，那也不是永远的“名”。无和有是对立的，也是统一的，而且是可以互相转化的，是大自然万事万物源头和总门。

## 第二章

# 天下皆知

原文

天下皆知美之为美
斯恶矣
皆知善之为善
斯不善已

故有无相生　难易相成
长短相较　高下相倾
音声相和　前后相随

是以圣人处无为之事
行不言之教
万物作焉而不辞
生而不有　为而不恃
功成而弗居
夫唯弗居
是以不去

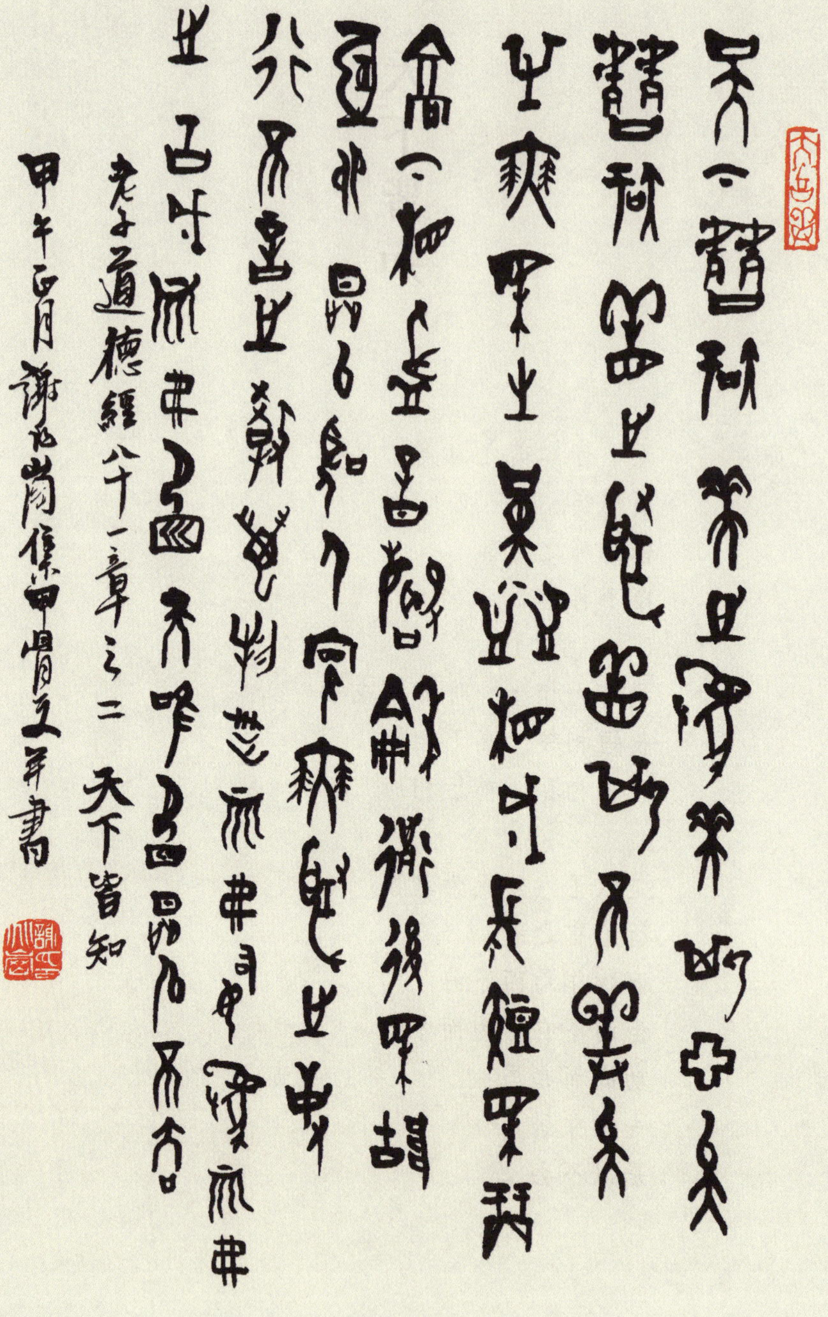
老子道德經八十一章之二 天下皆知

美，之所以为美，
是因为丑的存在。
善，之所以为善，
是由于恶的到来。
人人都知道这个道理，
无须解释，不必疑猜。

有和无相互生成，
难和易对应存在。
长和短相伴而行，
高和下难以分开。
声与音此起彼伏，
前和后终会到来。
这是天地永恒的法则，
这是事物不变的安排。

圣明的人深知有与无的循环，
用无为的眼光把世事看待；
最好的教育不靠言语，
万物生长岂由人来创始安排？
有所作为，但不自恃才高，
居功自傲，终会身败名埋。
只有不把名利挂在心上的君子，
才不会因为失去而耿耿于怀。

品读

美和丑，善与恶，有与无，难和易，长与短，高与下都是相对的，都是可互为转换的。“无为”是《老子》的精髓。“处无为之事”并非无所作为，而是说要顺应自然，以达到天下大治的目的，“行不言之教”也不是说不要言教，而是说身教比言教更有用。

# 第三章

# 无为而治

**原文**

不尚贤　使民不争
不贵难得之货　使民不为盗
不见可欲　使民心不乱
是以圣人之治
虚其心　实其腹
弱其志　强其骨
常使民无知无欲
使夫智者不敢为也
为无为　则无不治

**诗译**

不过于崇尚所谓的贤能，
以引起人们对名利的纷争；
不大肆炫耀珍贵的财物，
以防止偷盗的人有机可乘；
不宣扬情欲物欲的刺激，
以保持民众心态的平衡。
圣人治国坚持以人为本，
不妄作为才能顺应民心。
认真抚平百姓的争斗之气，
促进丰衣足食、家和民淳；

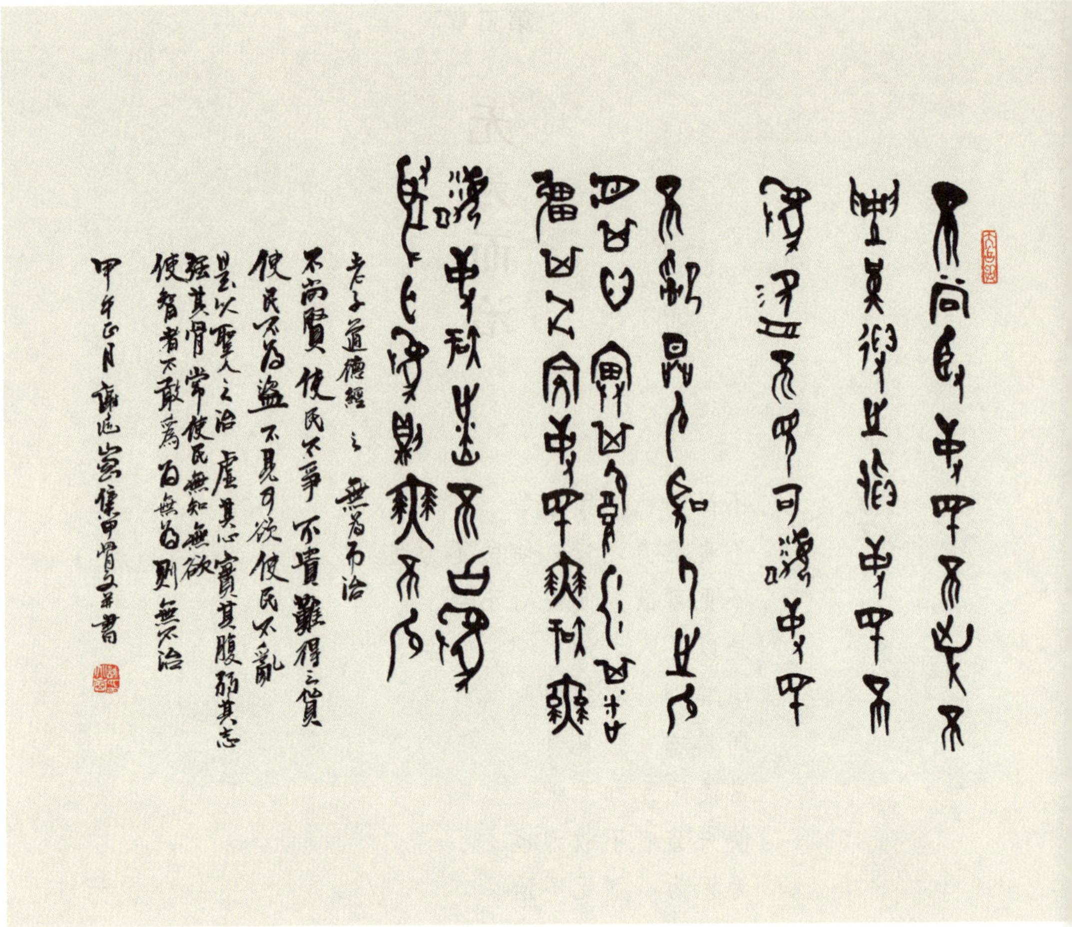


努力疏导人们的好胜之志，
让他们安居乐业，健体强身。
使老百信不至于投机取巧，
权势者不敢于利令智昏。
顺其自然，就有万象更新，
无为而治，方能百姓归心；
人定胜天并非灵丹妙药，
滥作妄为更是祸乱之根。

品读

如何治国安民？老子提出了三个原则：不争名——不尚贤；不争利——不贵难得之货；不见可欲——远离物欲和奢侈。虚其心，实其腹，弱其志，强其骨，就能达到无为而治。

## 第四章

# 和光同尘

原文

道　冲　而用之或不盈
渊兮　似万物之宗
挫其锐　解其纷
和其光　同其尘
湛兮　似或存
吾不知谁之子
象帝之先

诗译

大道无形，
像一只巨大的冲盅，
流入的水翻江倒海，
却不见一点的满盈。
它取之不竭，
它用之无穷。

悠长啊，
它是万物之祖，
它是天地之精！
它磨砺人生的锋锐；
它化解尘世的纷争。

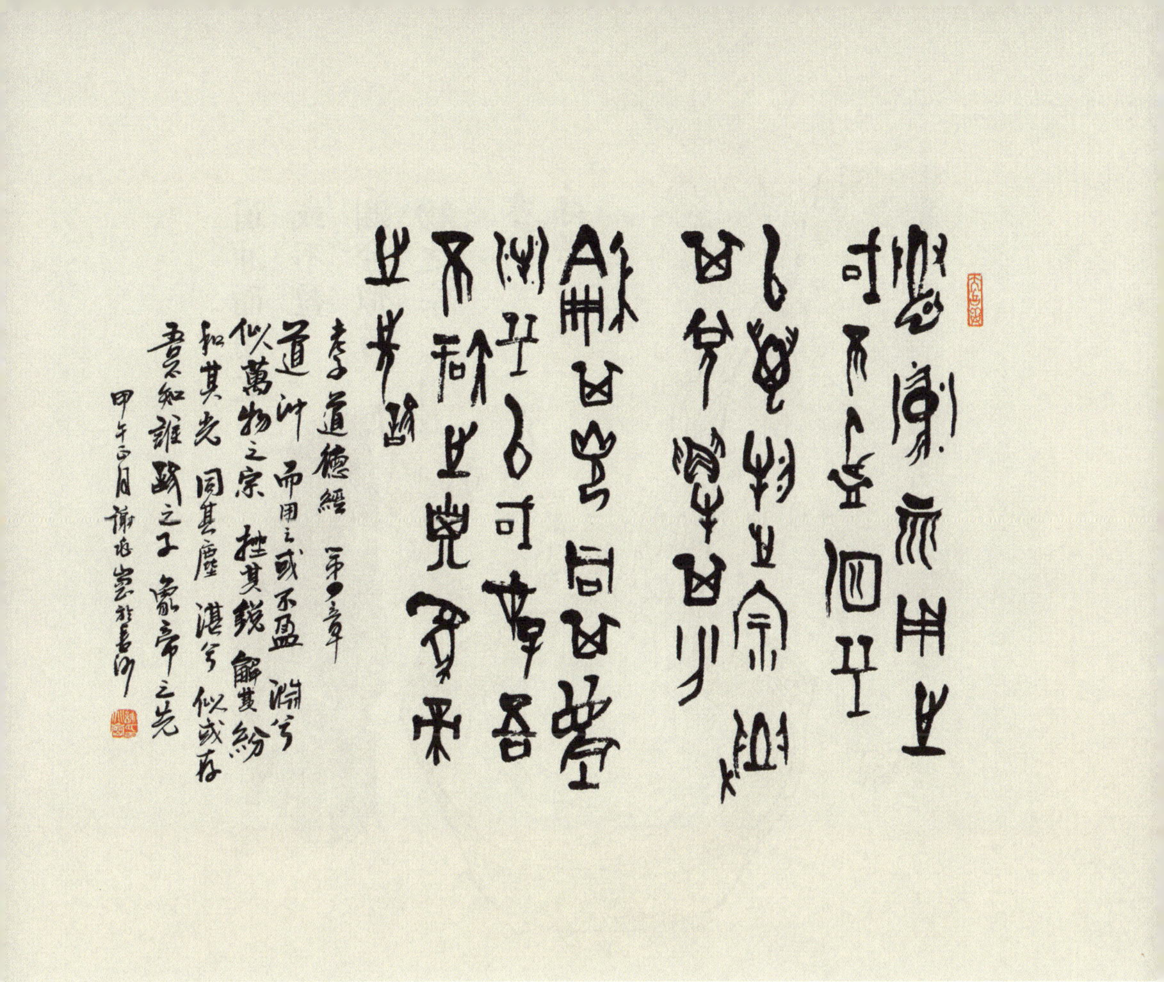


它调和缤纷世界的五光十色，
它同化熙熙攘攘的俗影凡尘！

深远啊，
它孕育万物，
它千秋运行！
它到底是谁的儿子？
不！
它是苍天之祖，
它是上帝之魂！

品读

老子说的“道”是无形的，看不见摸不着，像水一样永远也不会满盈。大自然的规律也是这样，它既错综复杂，有时候又无影无踪。只有挫去它的锋锐，解除它的纷争，使它的光更加柔和，使它的特征得以保留。和光同尘，有和而不同之意。吸收其长处，保留其特点。“大象无形”正是这个道理。

## 第五章

# 天地不仁

**原文**

天地不仁
以万物为刍狗
圣人不仁
以百姓为刍狗
天地之间
其犹橐龠乎
虚而不屈
动而愈出
多言数穷
不如守中

**诗译**

天地本没有偏袒之心，
它平等地对待万物生灵。
就像荒原中出没的野狗，
优胜劣汰，自灭自兴。

圣明之人也不应有偏爱之心，
应该以平等的态度对待百姓。
就像天地对待野狗那样，
给人以发展的自由，竞争的公平。

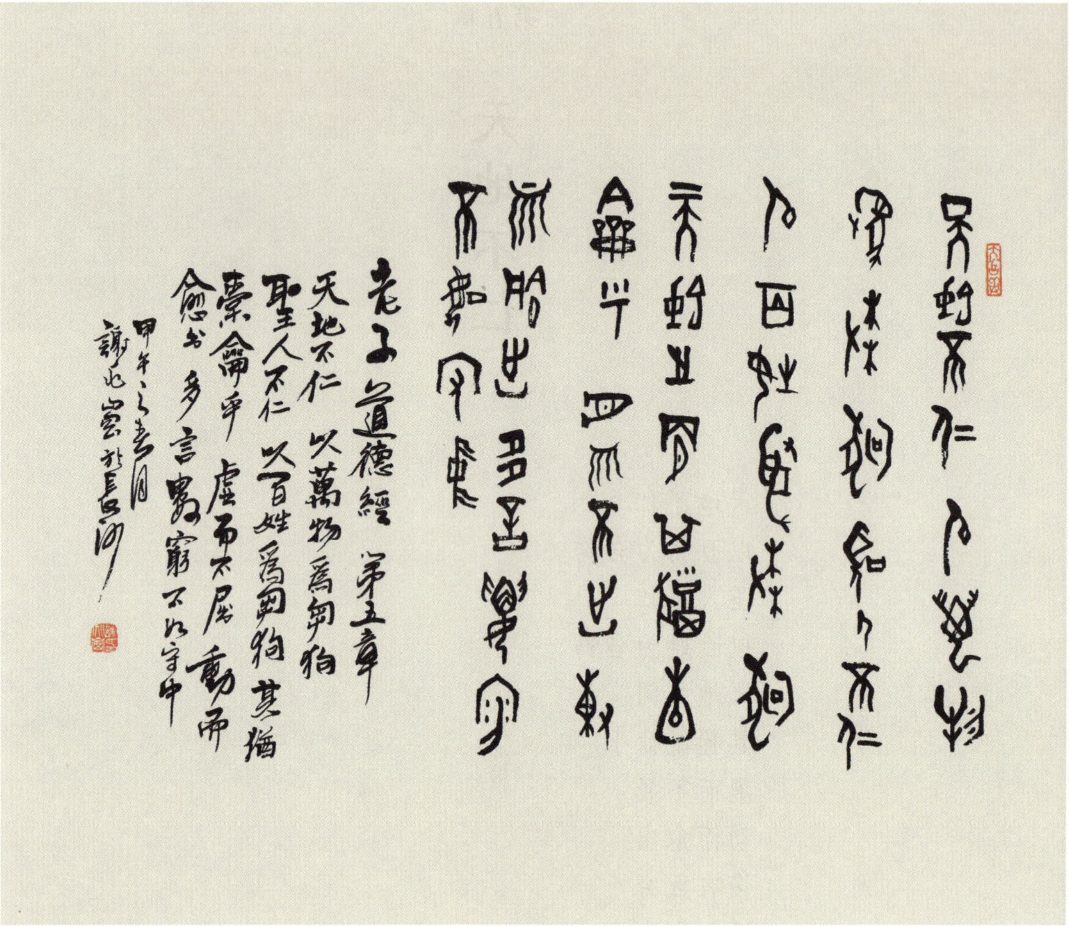


天地之间像风箱一样运作不停，
周而复始，日出月落，万象更新。
巨大的空间孕育着无穷的生命，
运动中产生的能量无尽无穷！

天地有道，事出有因，
说得太多又会有几人倾听？
就像政令繁多使人困惑一样，
莫如走中庸之道，守虚静之心。

○品
○
● 读

天地是没有偏心的，天地间没有“神”的存在，它任凭万物自由地生长。一个理想的统治者，即“圣人”也不应该有偏心，而应效法自然，顺其自然，听任百姓日作日息，自由地展示自己的个性，社会自然会得到发展。

## 第六章

# 天地之根

**原文**

谷神不死
是谓玄牝
玄牝之门
是谓天地根
绵绵若存
用之不勤

**诗译**

玄妙的大道啊，
你是生养天地的万物之神！
就像孕育生命的母体，
生生不息，博大精深。

你是奇妙无比的美丽女性，
你是幽深无限的生殖产门。
整个世界都源自你的门径，
你是万物之母，你是天地之根！
连绵不绝啊，
你浩瀚无际，你生命永恒！
你的存在若隐若现，
你的用处无尽无穷！

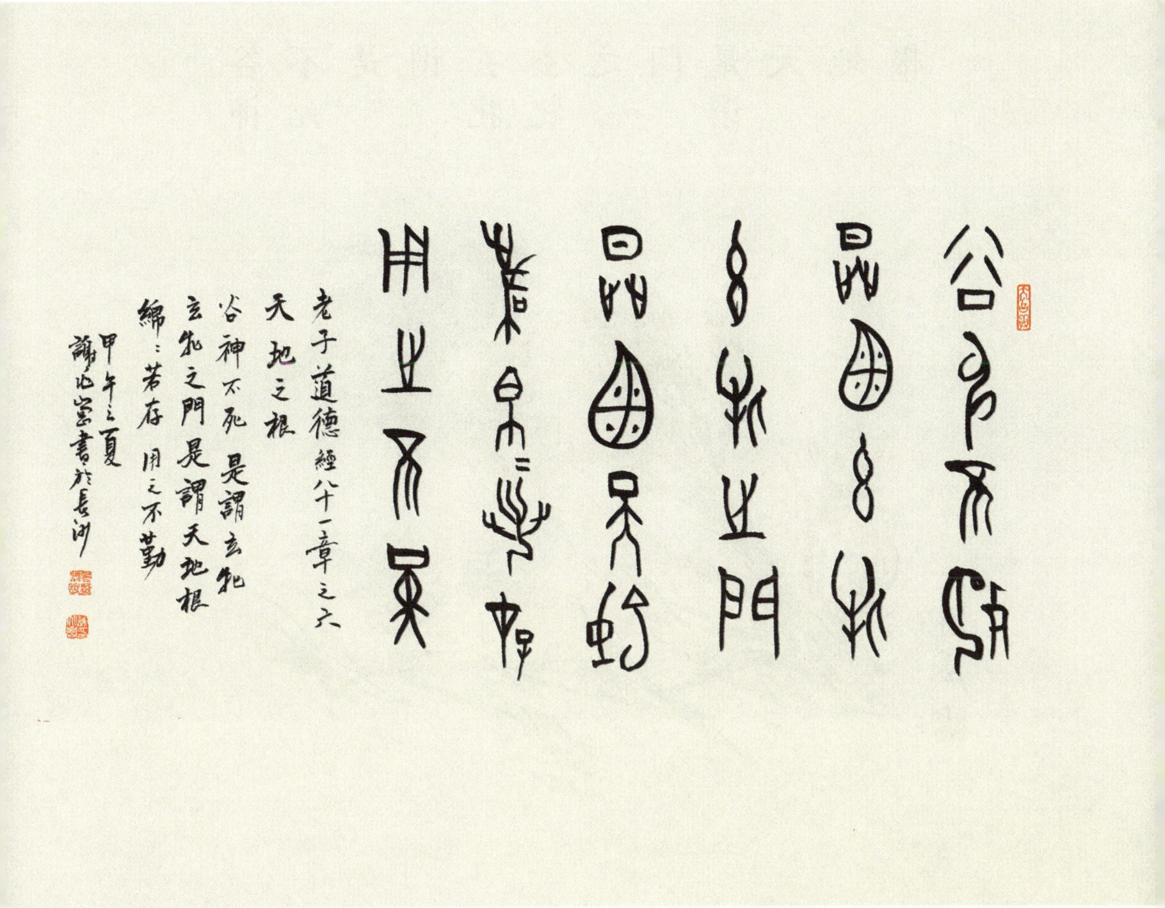
老子道德經八十一章之六
天地之根
谷神不死 是謂玄牝
玄牝之門是謂天地根
綿綿若存 用之不勤
甲午之夏

○ 品
○
● 读

谷神，是空间之意，也就是天地之间。老子认为，天地是不死的、永恒的。天地之间包容着万物，就像母体孕育着婴儿一样。“不死”犹言无极也。自然界万物连绵不绝，无穷无尽，都是因为有“道”的存在。

# 第七章

# 天长地久

原文

天长　地久
天地所以能长且久者
以其不自生
故能长生
是以圣人后其身而身先
外其身而身存
非以其无私邪
故能成其私

诗译

天，是如此的悠长，
地，是这样的远久。
它不为生而自喜，
也不为死而自忧！
天恒长，是因为自然运行，
无止无休；
地恒久，是因为没有私利，
无怨无求。

圣明的人遇事不争，
置身人后，

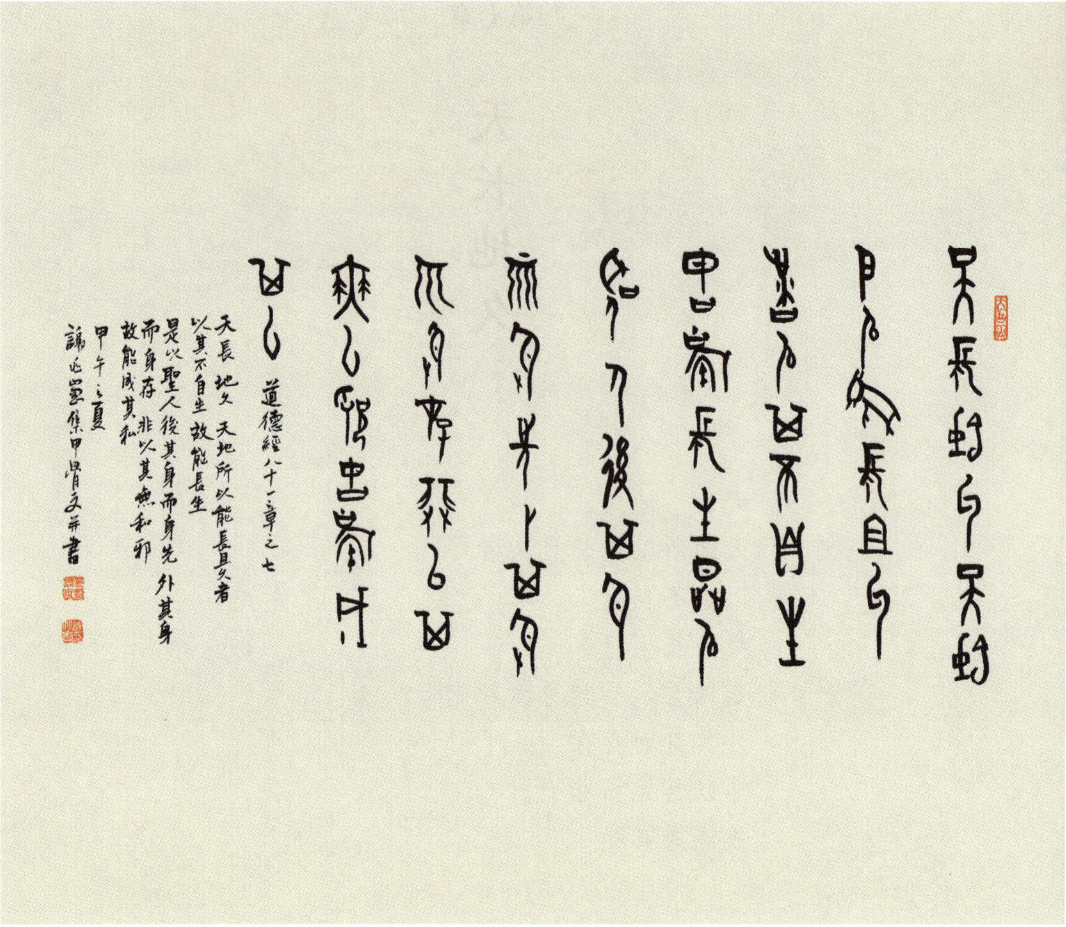


反而能事业有成，
名利双收。
将生死置之度外的勇士，
往往可化险为夷，
生命长久。
只有像天地那样的，
无私无欲，
才能取得人生的成就。

品读

天地之所以长久存在，是因为它没有私利。它不为自己的生存而存在，而是为了万事万物的生存而运行。当一个人不是为了自己，而是为别人、为国家、为社会而活着、存在的时候，这个人才是真正的长久。所以说只有做到“无私”，才能“成其私”。

第八章

# 上善若水

**原文**

上善若水　水善利万物而不争
处众人之所恶　故几于道
居善地　心善渊　与善仁　言善信
正善治　事善能　动善时
夫唯不争
故无尤

**诗译**

什么是人最美好的行为规范？
应该像江河里滚滚的流水一样。
水的美好在于它不与世争，
默默地造福于人，把万物灌溉。
它总是流向低处，流向远方，
停留在人们不经意的僻壤野岸。
它的品格不正像道的真谛吗？
滋润万物，却藏身世外。

住处应择下而居，何必张扬？
心胸要平稳如渊，深不可量。
交往须与人为善，和谐相处，
言行要表里如一，信誉至上。

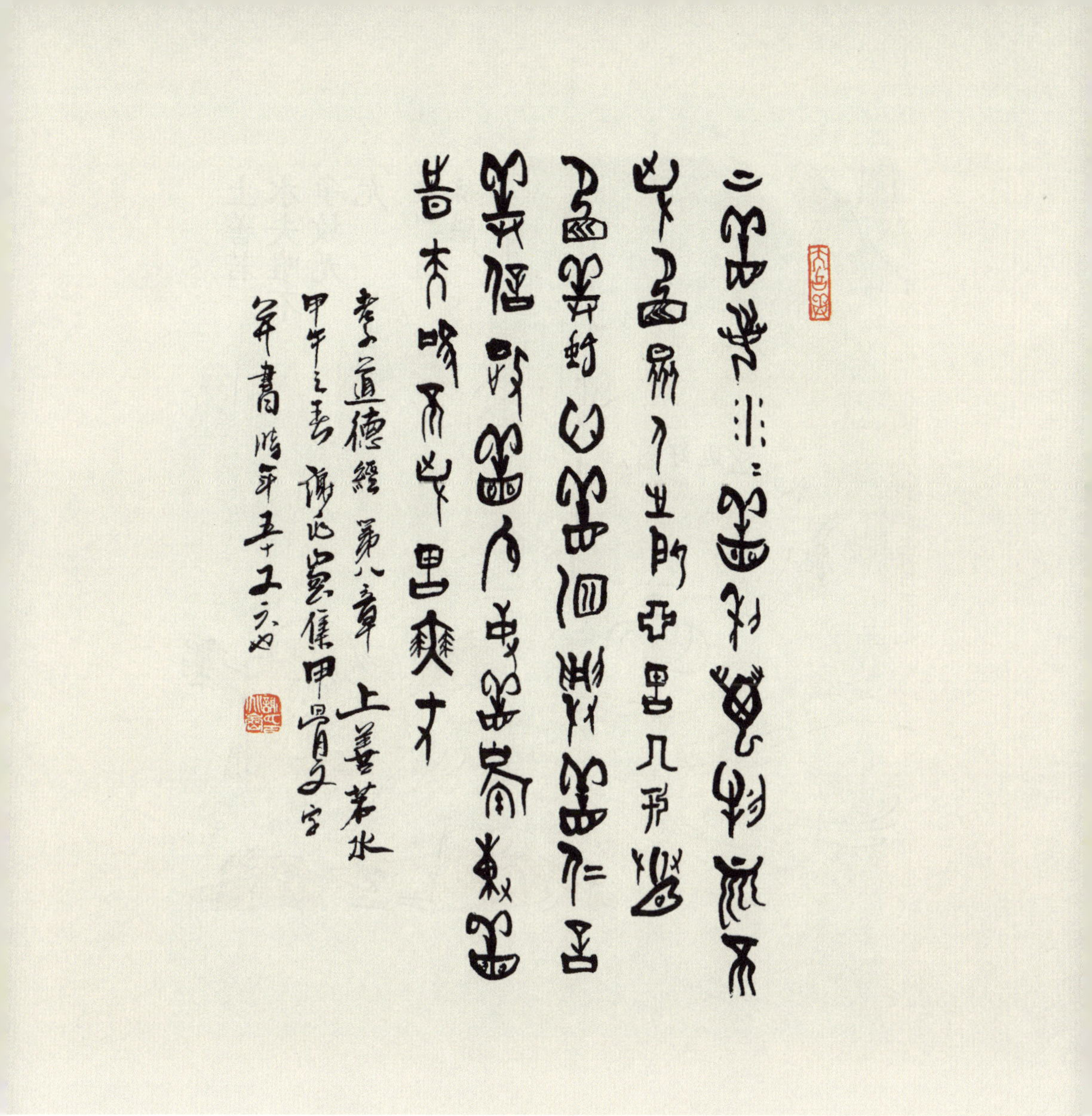


治国须善政，因势利导，
处事要干练，避短扬长。
顺势而行，把握机遇，
这些都是水的启示，
也是道的最高典范。
只有像水一样不争不抢，
才能减少过失、不惧忧患。

品读

这一章有着非常重要的现实意义，老子用“七善”总结了水的七大优点，并提出了天下最美好的是水——“上善若水”这一名言。“夫唯不争，故无尤”，尤者，忧也。在老子看来，“圣人”若能像水那样，做到不争名利、不争财色、不争权贵，就不会有大的过错和闪失。

# 第九章

# 功成身退

原文

持而盈之　不如其已
揣而棁之　不可长保
金玉满堂　莫之能守
富贵而骄　自遗其咎
功遂身退　天之道也

诗译

对事物的把握不可太满，
要适可而止，顺其自然。
胸怀大志而不露锋芒，
太过锐利必不可久长。
纵有金满山，玉满堂，
百年之后谁守藏？
若因富贵生骄奢，
必有祸乱起萧墙。
功成业就，须抽身隐退，
含蓄收敛，是处世良方。

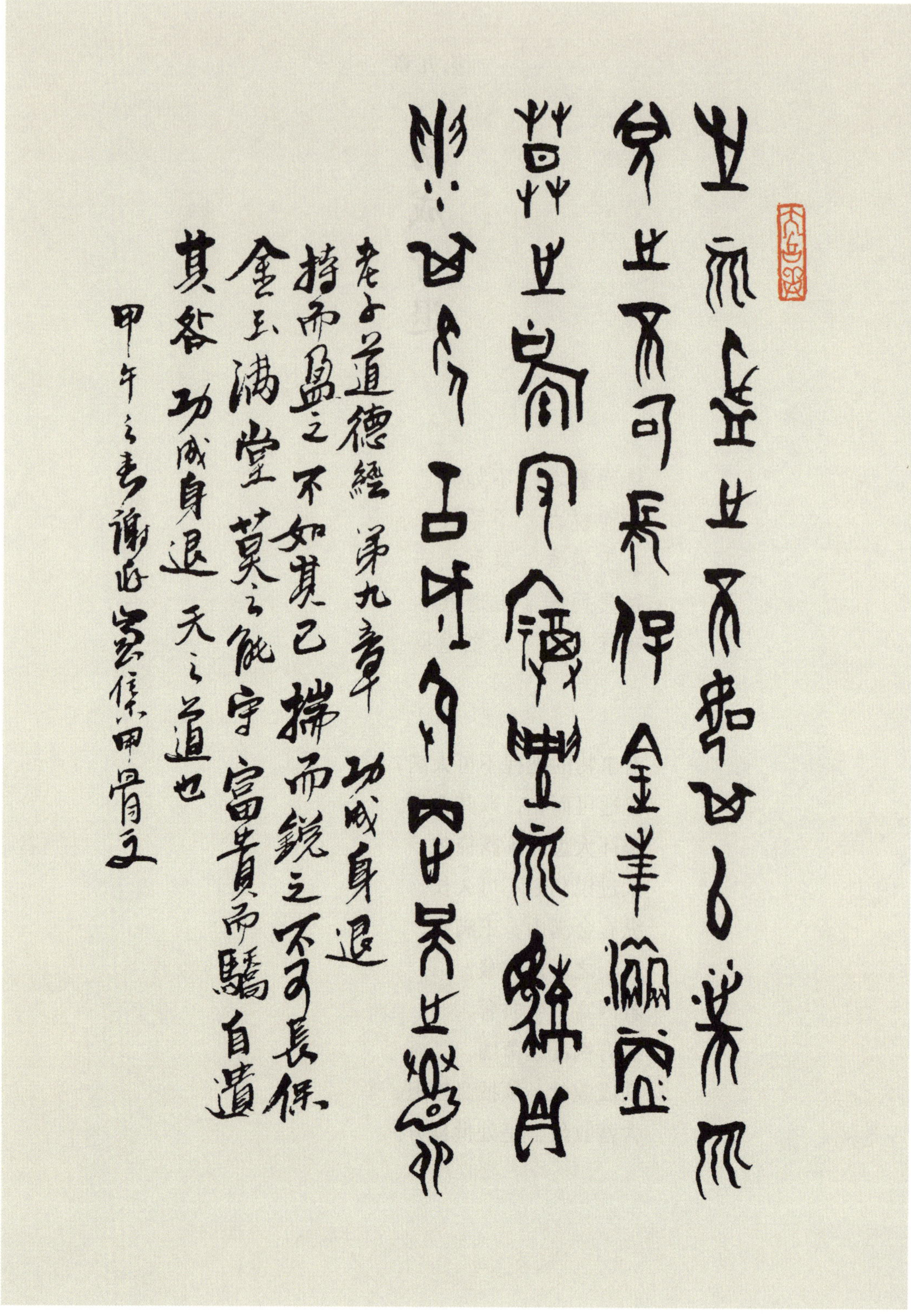
老子道德經 第九章 功成身退
持而盈之不如其已 揣而鋭之不可長保
金玉滿堂 莫之能守 富貴而驕自遺
其咎 功成身退 天之道也
甲午之春
集甲骨文

品读

老子的处世哲学是，做任何事都不可太过，应适可而止。锋芒毕露，富贵骄傲，居功贪位，难免招致灾祸。金玉满堂，但你不能长久；而富贵骄横，必自取其祸。含蓄、收敛，不自满、不骄横，懂得功成身退的人，才合乎自然之道。

## 第十章

# 慈母赤子

原文

载营魄抱一　能无离乎
专气致柔　能婴儿乎
涤除玄览　能无疵乎
爱民治国　能无知乎
天门开阖　能为雌乎
明白四达　能无为乎
生之畜之　生而不有
为而不恃　长而不宰
是谓玄德

诗译

灵与肉的结合，神与形的统一，
怎样才能和谐融洽，不散不离？
温润柔和，培养良好的气质，
能不能像赤子一样百顺百依？
清除杂念，洞察内心的瑕疵，
能不能如明镜一般透彻清晰？

爱民治国有千万条道理，
不妄作为是基本的命题。
无论大展宏图还是功成身退，

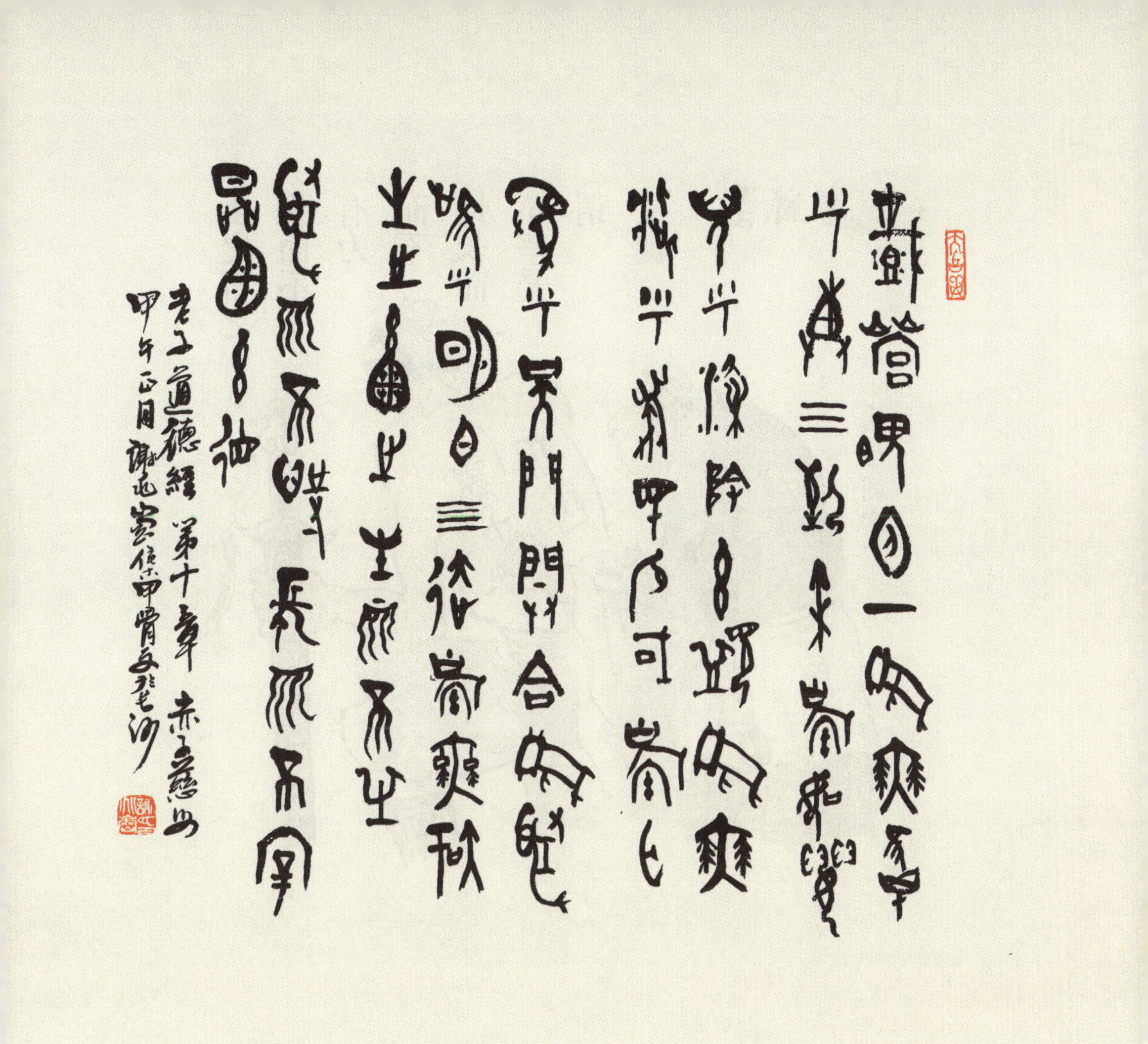

心中可有慈母般的大爱情谊？
纵然大功告成，声名远播，
能否大智若愚，少用心机？

天生万物从不归功于己，
母育儿女并非贪图私利。
有所作为须牢记谦虚谨慎，
地位再高又岂能主宰天地？
怀赤子之心，蓄慈母之德，
是无限深远的大道玄机。

品读

精神与肉体，主观努力和客观现实是不能完全统一的，因此要坚守无为退守的自然之道。老子在这里主张，应让天下万物自然繁殖生长，养育它们，而不占为己有，居长而不为主宰，就像母亲养育孩子一样。

## 第十一章

# 无中生有

**原文**

三十辐共一毂
当其无　有车之用
埏埴以为器
当其无　有器之用
凿户牖以为室
当其无　有室之用
故有之以为利
无之以为用

**诗译**

三十根条辐汇聚集中，
共同撑起了完整的车轮。
只有牺牲条辐的独立存在，
才能达到整车的实用功能。

精致的器皿黏土构成，
千揉百制，水浇火焚。
当黏土失去了本身的特性，
才有了陶器于生活之中。

修屋建房是一个完整的工程，

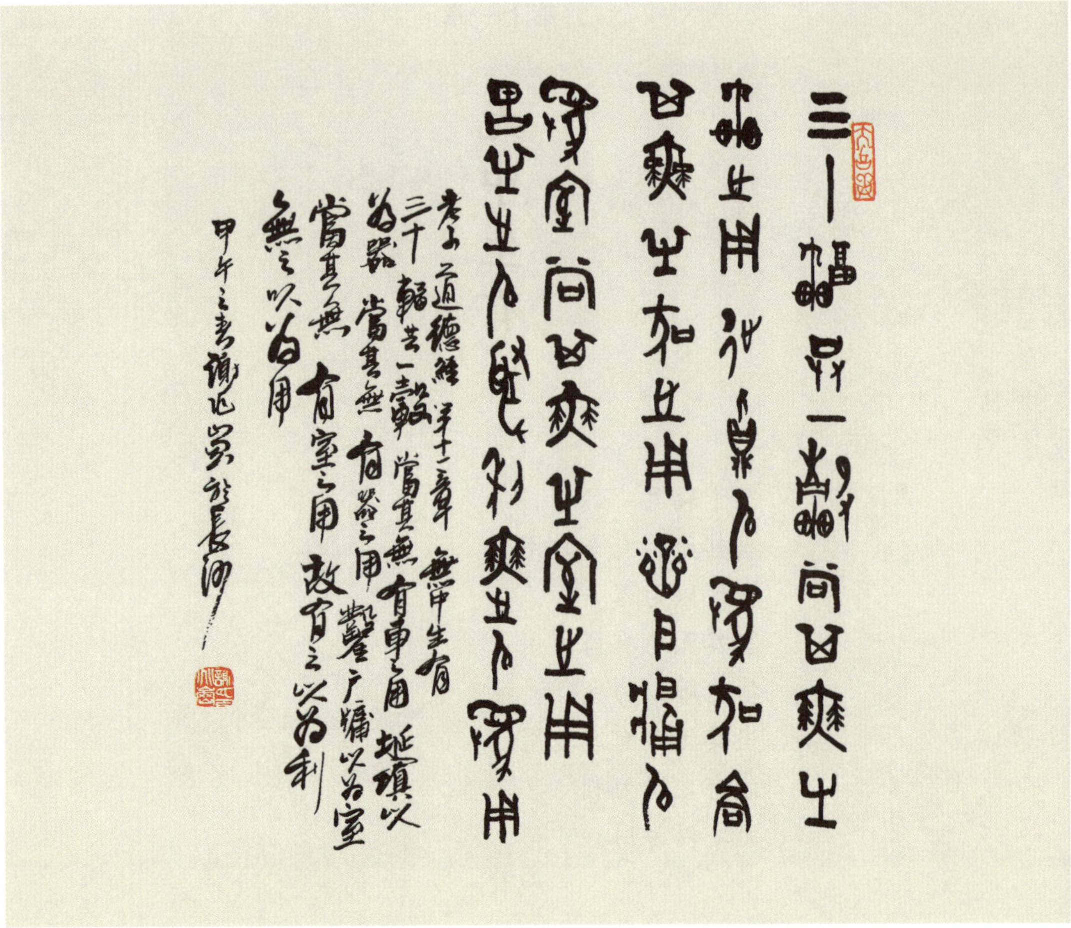

开门凿窗是为了进出通风。
当门窗失去了单纯存在的性质，
便有了房屋的整体构成。

事物保持了自身的特性，
便有了多重利用的实际可能。
而一旦失去了这样的个性，
一定是有了新的用处产生。

品读

老子用“车辐”“陶器”和“门窗”这三个非常形象的比喻说明了有与无的关系。在现实中，我们很容易看到有形的那一部分，如车子、陶器、房子，却容易忽视掉无形的那一部分——这些物体所依托的无形的空间。只有在无和有的共同作用下，才能构成有用的物体。

# 第十二章

# 知足常乐

原文

五色令人目盲
五音令人耳聋
五味令人口爽
驰骋畋猎
令人心发狂
难得之货
令人行妨
是以圣人为腹不为目
故去彼取此

诗译

陶醉于尘世的十色五光，会使人眼花缭乱；
置身于嘈杂的高音低调，会令人听觉失常；
沉溺于丰盛的佳肴美味，会使人食欲倍减；
驰骋于猎掠的郊原旷野，会令人意乱心狂；
迷恋于财富的巧取豪夺，会使人行为乖张。

圣明的人满足于温饱的适量，
不强求无尽无休的声色感官。
物质的需求当取舍有度，
知足常乐，物极必反。

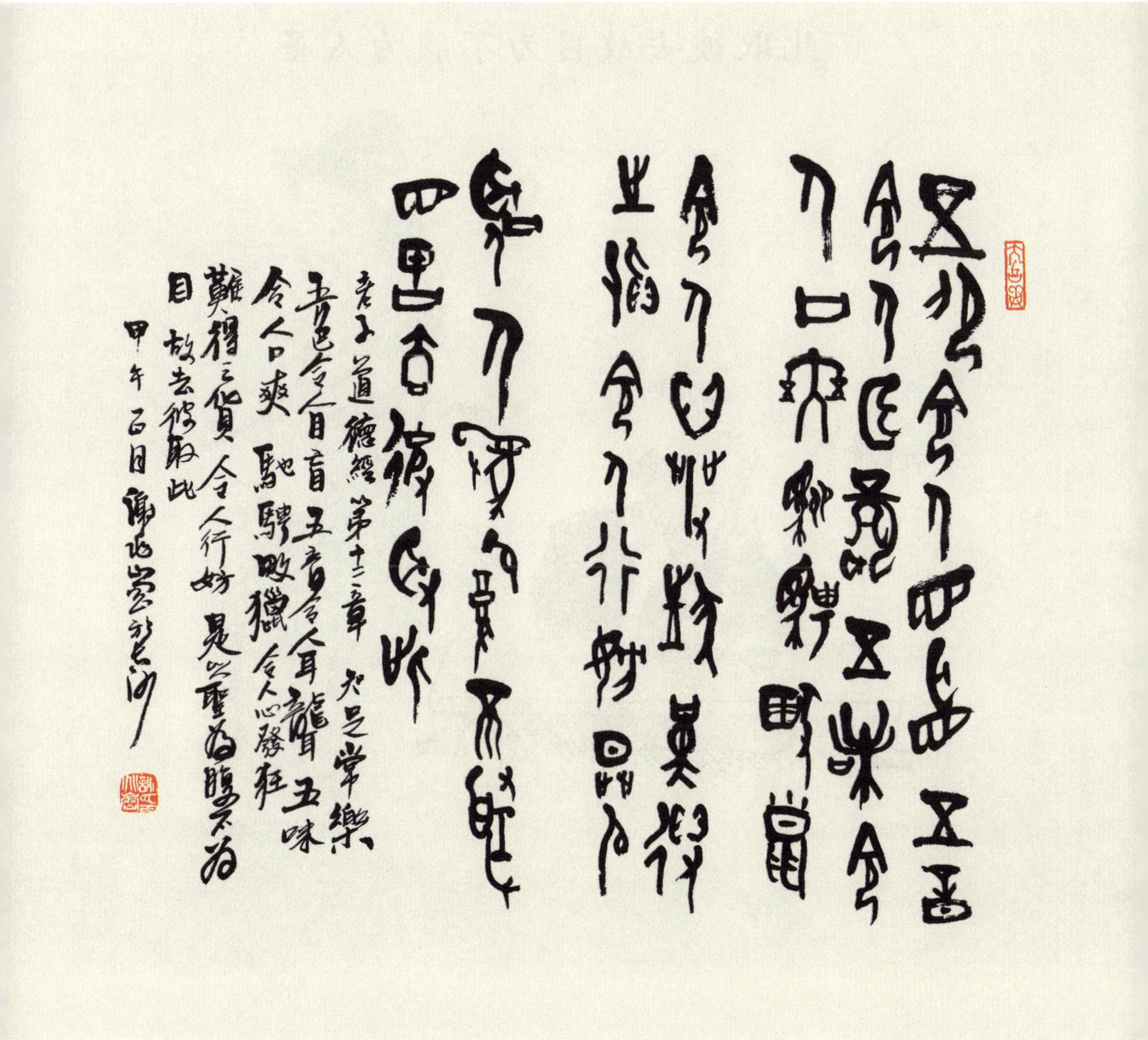
老子道德經第十二章 知足常樂
五色令人目盲 五音令人耳聾 五味
令人口爽 馳騁畋獵令人心發狂
難得之貨令人行妨 是以聖人為腹不為
目 故去彼取此

○ 品
○ 读
●

老子对过度的精神享受和物质享受都是十分反感的。他说，缤纷的色彩使人目盲；悦耳的音乐使人耳聋；丰美的食物使人口伤；骑马狩猎使人心发狂；过多的金银财宝使人行动失常。在老子看来，正常的生活应该是求得内心的清静平淡，而不在乎外在的贪欲。

第十三章

# 宠辱不惊

**原文**

宠辱若惊　贵大患若身
何谓宠辱若惊　宠为下
得之若惊　失之若惊　是谓宠辱若惊

何谓贵大患若身　吾所以有大患者
为吾有身　及吾无身　吾有何患

故贵以身为天下　若可寄天下
爱以身为天下　若可托天下

**诗译**

受到宠爱和受到侮辱一样，都会惊扰身心的安宁。
难得的是能把宠辱看成一场大病，
当成是对身体和心灵的入侵。

为什么受宠也会像受辱一样，
使人神情不定，胆颤心惊？
人往往在身居人下的时候，
太在意一时的得失，个人的虚名。
得到的时候惊喜难安，失去之时又惊恐不宁。
这是一种心态失衡的现象，也是宠辱若惊的主要原因。

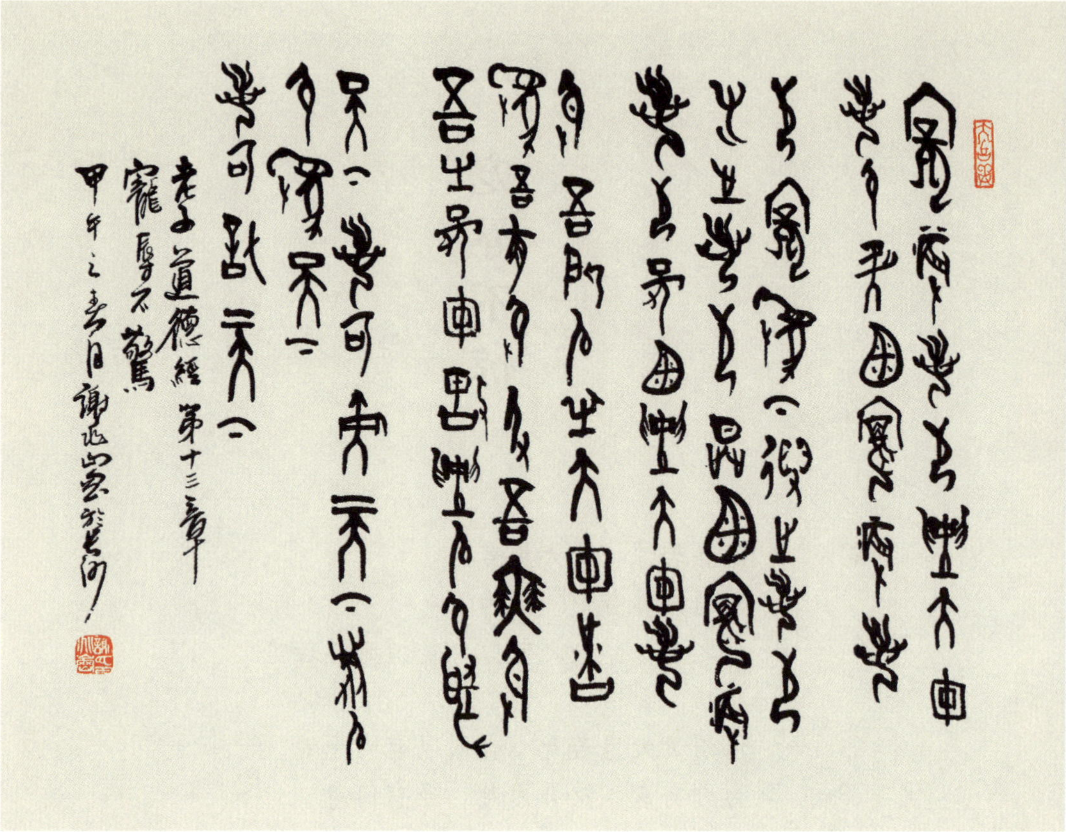


怎样才能不受宠辱的惊扰？
如何避免它对身心的入侵？
人常有心腹之患，惶恐之惊，
是因为念念不忘心中的自我、身家的性命。
如果连身体都能置之度外，
又何来忧患可以惊扰于心？

胸怀大志的人可以宠辱不惊，
能以天下为重，视身体为轻；
将百姓的疾苦挂在心上，时时以身作则，处处身体力行。
这样的人，才可以托付天下，
这样的人，才能够赢得民心！

品读

人为什么会“宠辱若惊”呢？根本的原因是把自己的利益看得过重。一个人如果达到无私（无身）的境界，能把个人的利益置之度外，就不会因为受宠而惊，受辱而恐了。只有真正做到“宠辱皆忘”，才可以把天下托付给他，也才能治理好天下。

## 第十四章

# 大道无形

原文

视之不见　名曰夷
听之不闻　名曰希
搏之不得　名曰微
此三者不可致诘　故混而为一

其上不皦　其下不昧
绳绳不可名
复归于无物
是谓无状之状
无物之象　是谓惚恍
迎之不见其首　随之不见其后

执古之道　以御今之有
能知古始　是谓道纪

诗译

视而不见的是“夷”，
听而不闻的是“希”；
触而不着的是“微”，
这三种感觉浑然归一，
是一团无法深究的谜。

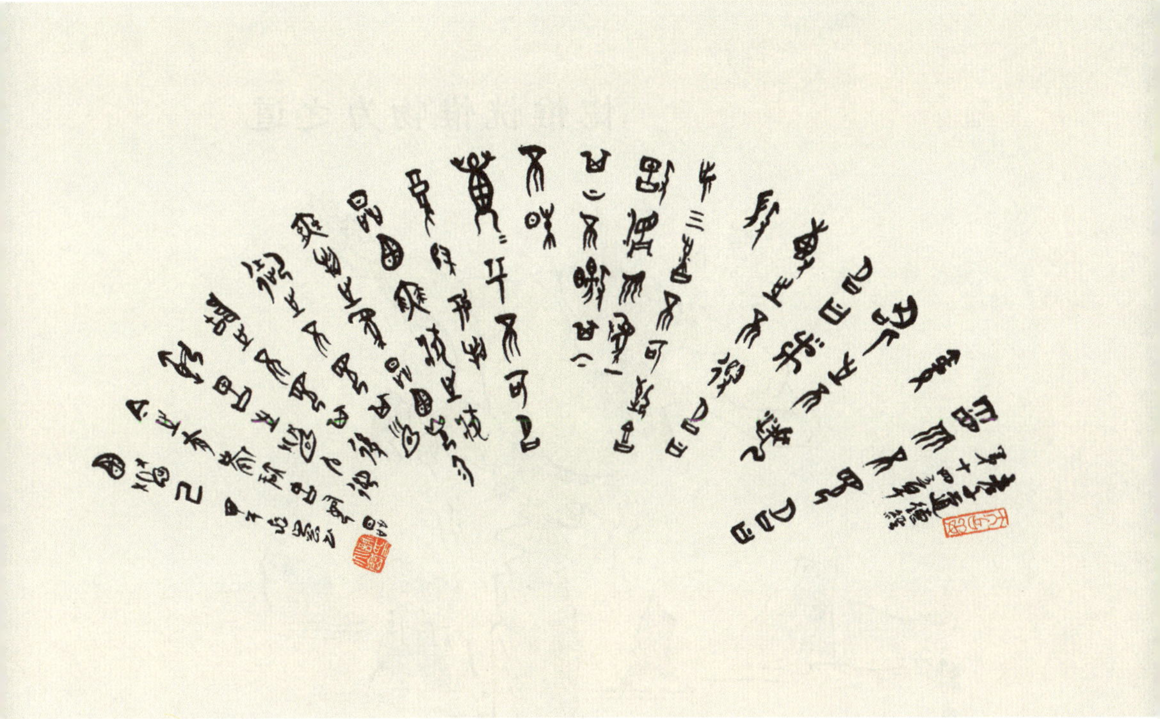

追寻其上，它的源头不清晰，
探索其下，它的归宿在哪里？
混混沌沌而不可名状，循环往复却归于沉寂。
它是没有形状的形状，它是不见物体的物体。
它恍恍惚惚地存在着，又若隐若现地游移。
它迎面而来，看不清头的模样；
你跟随而去，却不见尾的痕迹……

这就是道，
它用千古不易的自然规律，
来揭示现实中
种种的扑朔与迷离。
熟悉和掌握事物的源流起始，
是道最重要的法则和主题！

○品
○
●读

天地之道，包括自然、宇宙都是有运行规律的。尽管它们看不到，听不见，摸不着，但它自古以来就存在，我们不能否认它。它是没有形状的“形状”，没有物体的“物体”。我们只有按照自然规律办事，才能得到生存和发展。反之，就会受到自然的惩罚。

## 第十五章

# 善为不盈

原文

古之善为士者　微妙玄通
深不可识
夫唯不可识　故强为之容
豫焉若冬涉川　犹兮若畏四邻
俨兮其若客　涣兮若冰之将释
敦兮其若朴　旷兮其若谷
混兮其若浊
孰能浊以静之徐清
孰能安以久动之徐生
保此道者　不欲盈
夫唯不盈　故能蔽不新成

诗译

自古以来，那些善于谋划之人，
总是神机妙算，深知玄变融通。
他们的思想精微细密，
他们的心态城府很深。
他们变幻莫测，他们来去无踪，
谁能辨识他们的形态真容？
现在，就让我勉为其难，
为他们做一次画像描神：

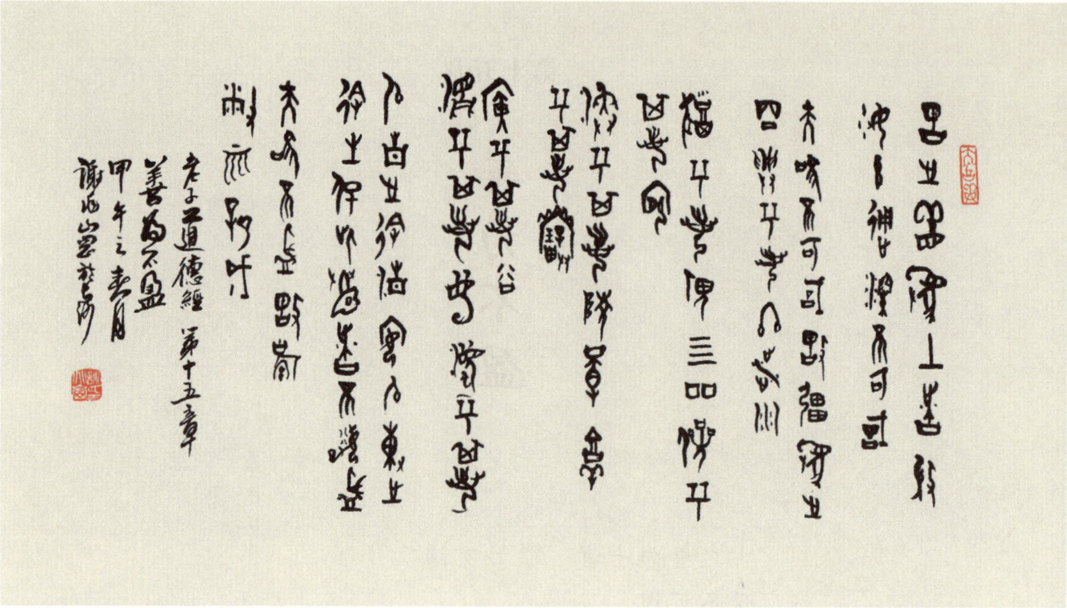

他们谨小慎微，在冬天的河床上如履薄冰；
他们警觉敬畏，与人相处总是如见高邻。
他们温文尔雅，恭谦俭让，
郑重其事，像赴宴会的嘉宾；
他们豪放洒落，动静自如，像春天的冰凌，缓缓消融。
性情纯朴敦厚，像秀木天成；
胸怀宽广豁达，如山谷幽深。
茫茫人海，他们深藏不露，浪迹江湖，他们不辨鱼龙……

怎样才能使流动的水沉寂下去，
使它慢慢地澄清泥浊，不再混沌？
怎样才能使静止的水流动起来，
使它生机勃勃，充满灵动雄浑？
进退有道，是有识之士的处世根本，
动静不盈，使长流之水永存。
水不盈满，方能纳泻有度，清浊分明；
人不自满，才会心如止水，知新守成。

品读

这一章老子用很大的篇幅来推介理想的精神世界，包括慎思、谨慎、恭谦、豁达、进退有度等等。老子提出要像水一样，包容一切。要让浊水安静下来，慢慢澄清。无论动还是静，都不使水满盈。水不满盈，人不自满，才能够有所进步，有所成就。

## 第十六章

# 致虚守静

原文

致虚极　守静笃
万物并作　吾以观复
夫物芸芸　各复归其根
归根曰静　是谓复命
复命曰常　知常曰明
不知常　妄作　凶
知常容　容乃公
公乃王　王乃天　天乃道
道乃久　没身不殆

诗译

使自己的心境虚寂无有，
是人生中极致的追求；
以平静的心态观察事物，
是为人处世的笃实之修。
世界风起云涌，红尘雨散烟愁，
我静而观之，一望而收。

天道酬酬，万物悠悠，终有回归根本的时候。
落叶归根，新苗破土，静静地，
一切又回到生命的源头。这是呼唤新生的静，

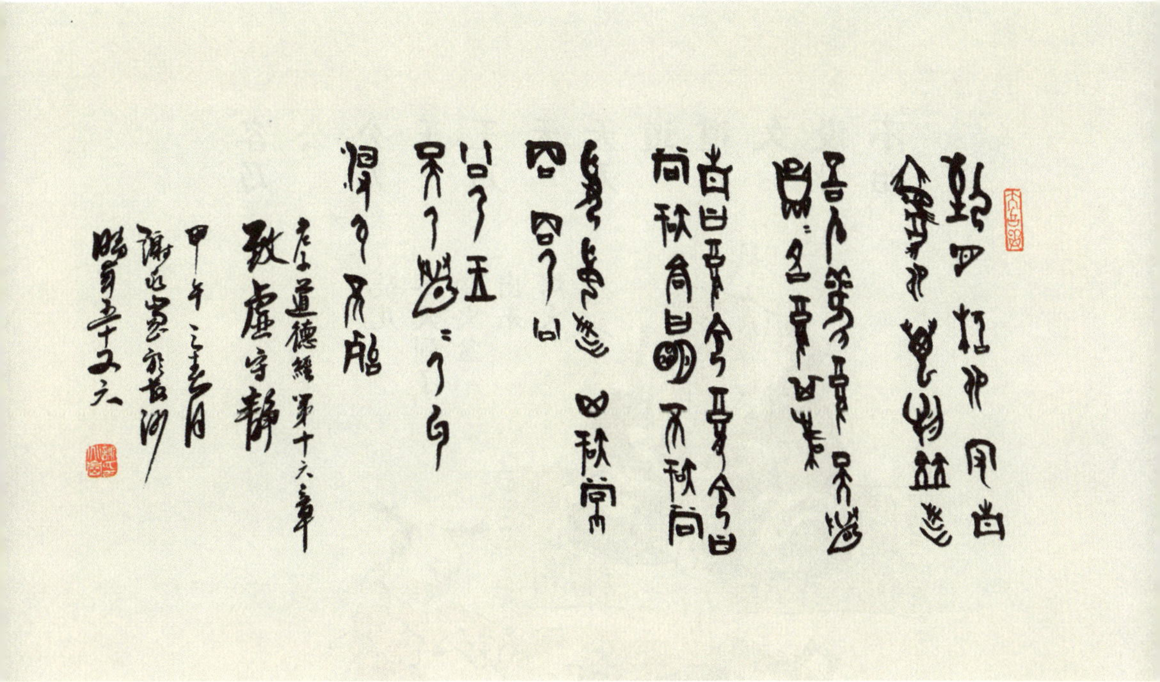

是自然的常态，如天地般恒久！
明白了事物恒常归复的原理，
你就知道了根之所在，道的源流！

轻妄的人，不明白事物的根本缘由，
往往轻举妄动，终将灾祸临头。
只有知晓天地的恒常之理，
才能海纳百川，雍容大度。
有包容之度，具公正之心，
方能受到拥戴，把全局统筹。
致虚守静，是道的真谛，
顺应自然，才能天长地久。
明容纳之理，虑万全之周，
遵从自然之道，何愁性命之忧？

品读

天地之道，万物之源。我们怎样才能知晓？靠观察。靠“致虚”“守静”。即虚静寡欲，清静无为之意。任何生命都是会死亡的，死亡后又有新的生命生长。若不懂得这个规律而胡乱行动，就会遇到凶险。认识规律才能包容一切，公正地对待一切。

## 第十七章

# 王者贵言

原文

太上
下知有之
其次　亲而誉之
其次　畏之
其次　侮之
信不足焉
有不信焉
悠兮　其贵言
功成事遂
百姓皆谓
我自然

诗译

一个卓越的领导者，
人们感觉不到他的存在和管理的痕迹。
一个优秀的领导者，
人们亲近并赞美他的政绩。
一个残暴昏庸的领导者，
人们因畏惧害怕而渐渐远离。
一个腐败无能的领导者，
必受人们的谩骂与唾弃。

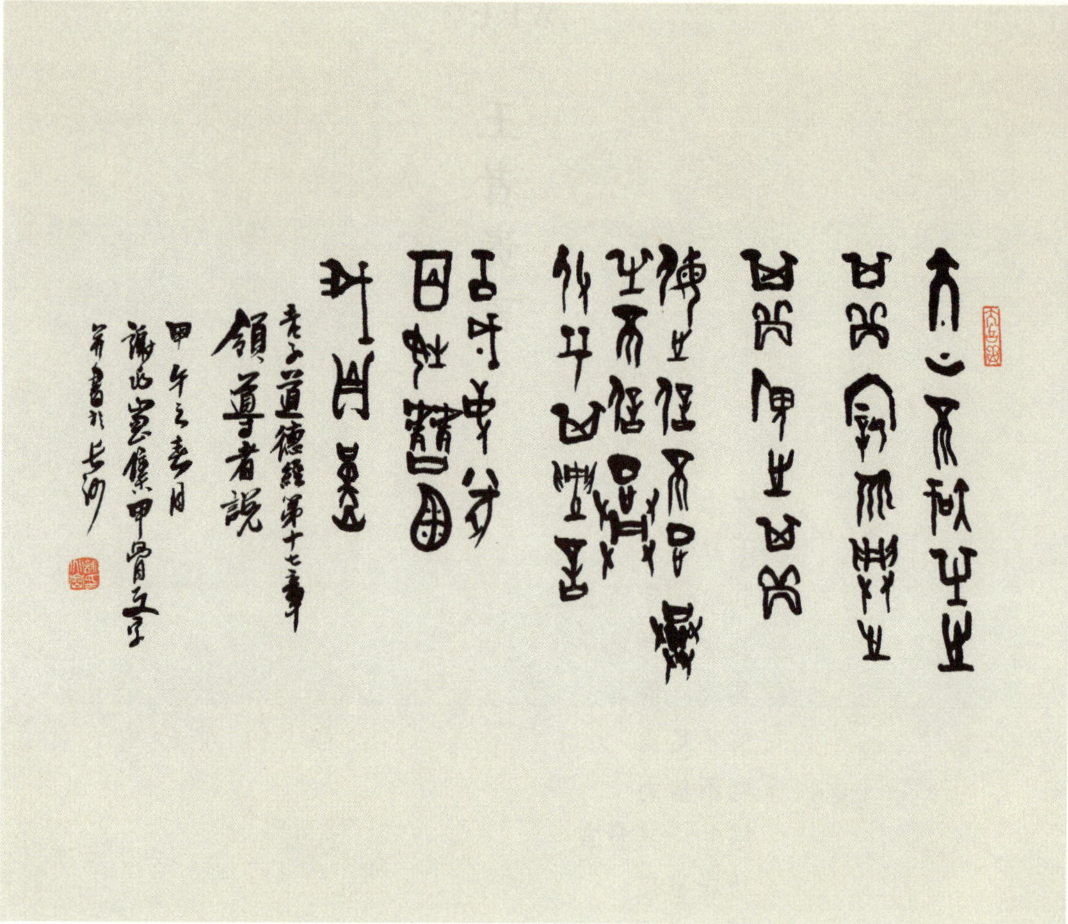

领导者如果言而无信，
又何谈权威存在的意义？
所以，在发号施令的时候，
最好妥善安排、小心翼翼。
只有当人们都生活得自由自在，
才是领导者最大的成功和政绩。

品读

“太上”指最好的统治者。老子把统治者分为四种情况：1. 大家正常工作，不知哪个是领导；2. 大家竞相亲近和赞美领导；3. 人们因惧怕而远离领导；4. 受到辱骂和唾弃的领导。老子追求的政治理想是，好的统治者，不轻易发号施令，事情办好了，老百姓也并不归功于统治者，各自相安无事地生活。

第十八章

# 仁义孝慈

**原文**

大道废
有仁义
慧智出
有大伪
六亲不和
有孝慈
国家昏乱
有忠臣

**诗译**

大道废弛，
礼崩乐弃，
最需要的是善政仁义。
斗智用巧盛行的时候，
一定会伴随着伪诈投机。
怎样解决家庭的纠纷？
要多讲慈爱孝顺的道理。
怎样拯救国家于昏乱？
要高举忠贞节义的大旗！

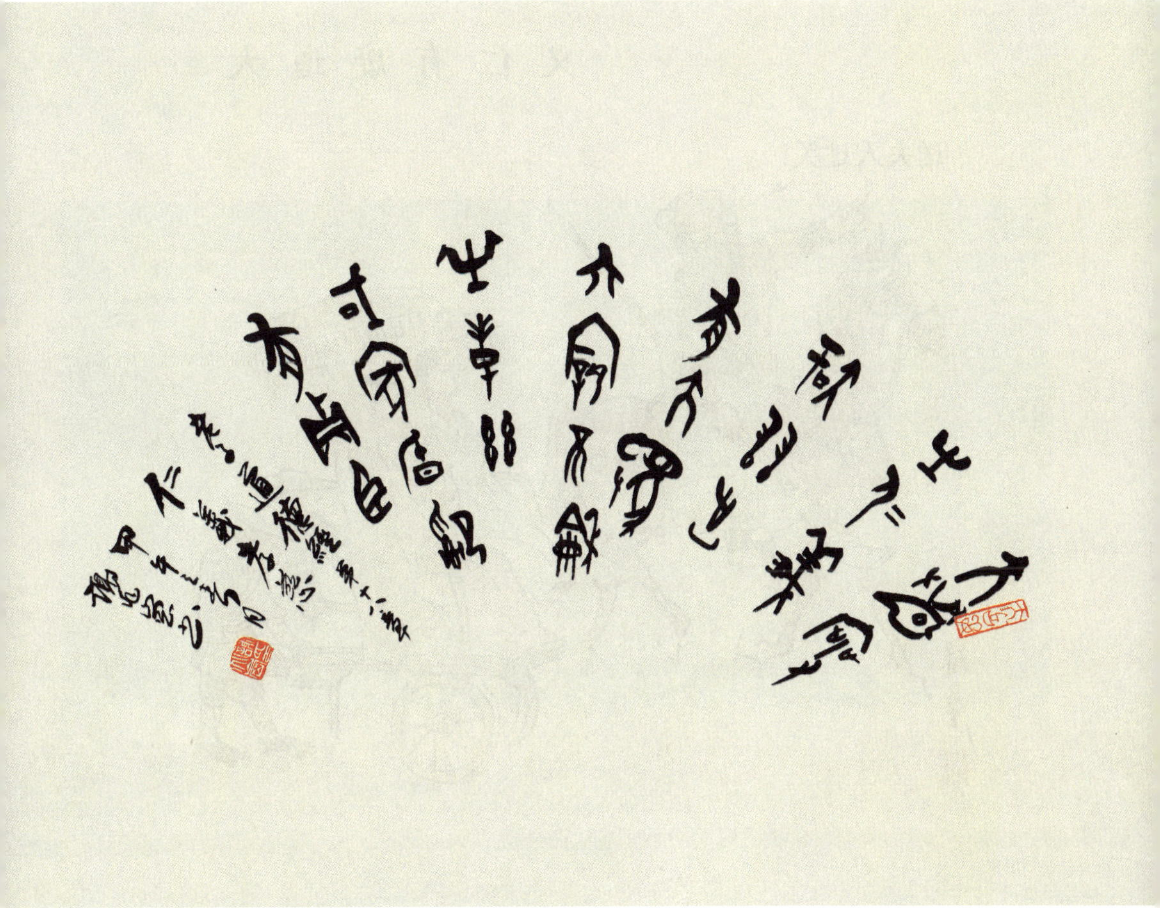

品读

大道废弃了，才有仁义；智巧出现了，就有奸诈；家庭不和了，才显出慈孝；国家动乱了，才产生忠臣。这是一种辩证关系。如果天下家庭都很和谐，哪会有不慈不孝的事？如果国家太平，忠臣的忠诚又从何表现？治于未乱才是根本之道！

## 第十九章

# 清心寡欲

原文

绝圣弃智
民利百倍
绝仁弃义
民复孝慈
绝巧弃利
盗贼无有
此三者以为文不足
故令有所属
见素抱朴
少私寡欲

诗译

杜绝那欺世盗名的智巧，
抛弃那所谓的善辩才高。
还人民一个清清白白的政治，
社会将变得更加美好。

安邦治国不需要虚伪钻刁，
何必讲口头上的仁义之道。
人们在良善的秩序之中，
自然会恢复本来的慈孝。

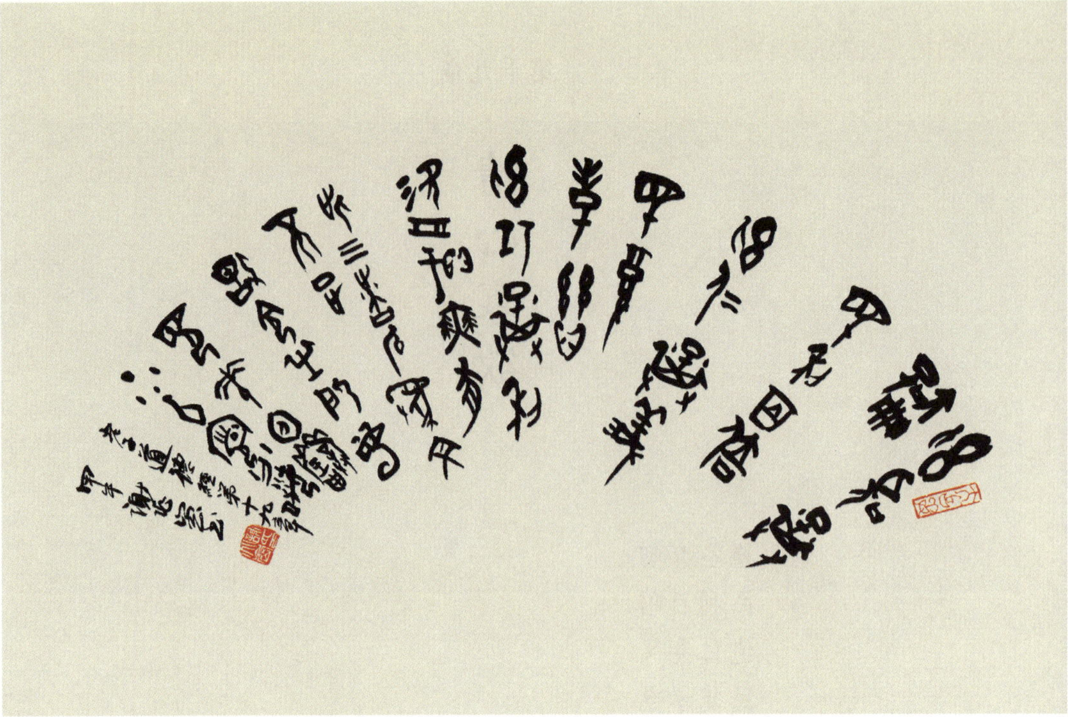

若没有钱财的吸引，
若没有厚利的招摇，
若没有虚名的诱惑，
偷盗的行为自然就少。

绝智、绝仁、绝利，
这三者不过是治标之道。
要达到标本兼治的效果，
还要把人性的本质寻找。

保持纯真自然的心态，
持守清心质朴的信条。
不要让名和利蒙住了双眼，
把心中的杂念私欲减少。

○品
○读

老子在这一章中，斥责统治者倡导的仁义道德是虚伪的，他提出了改造社会的主张。如少自以为聪明，对百姓更有利些；少讲些“仁义道德”，人们会更加慈孝些；少弄些利益引诱，免得盗贼找上门来。行为单纯些，内心淳朴些，私心减少些，欲望降低些，这不是挺好吗？

## 第二十章

# 难得糊涂

原文

绝学　无忧
唯之与阿　相去几何
善之与恶　相去若何
人之所畏　不可不畏
荒兮　其未央哉　众人熙熙
如享太牢　如春登台
我独泊兮　其未兆
如婴儿之未孩
儽儽兮　若无所归
众人皆有余　而我独若遗
我愚人之心也哉　沌沌兮
俗人昭昭　我独昏昏
俗人察察　我独闷闷
淡兮　其若海
飂兮　若无止
众人皆有以　而我独顽似鄙
我独异于人　而贵食母

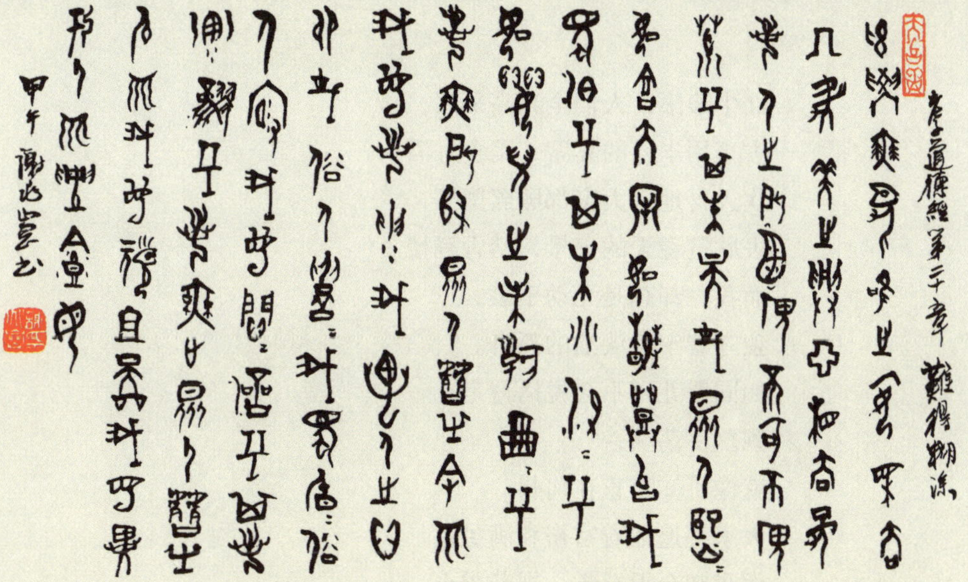

诗译

杜绝了门户之见的学，何患之有？
坚守着特立独行的道，不惧忧愁。
有些人唯唯诺诺，弯腰点头；
有些人呵斥指责，挺胸昂首。
这两者有本质的区别吗？
态度的变化有什么样的理由？
从善良美好到丑陋凶恶之间，
到底又有多远的路途？
那些大家都畏惧和避让的，
难道你就一定要弯腰俯首？
荒唐啊，
这种盲从的风气到处蔓延，
从古到今，何时是个尽头？

红尘滚滚，人们全兴高采烈，
去享用丰盛的宴席，美食好酒；
欢天喜地，大家都熙熙攘攘，
去欣赏春天的美景，踏青登楼。
而我，却总是无动于衷，
独守着宁静淡泊的孤舟。
如同婴儿还不会说话行走；
飘飘荡荡啊，
就像不知道家在何州。
大家都追逐着富裕和满足，
而我却全无感觉，视若粪土。
浑浑噩噩啊，
这是一颗愚钝笨拙的心吗?
悠哉，游哉，我行我素。

世上的人都明明白白，
唯独我昏昏幽幽；
世上的人都无所不晓，
唯独我糊糊涂涂。
世事如同大海，无边无际；
红尘就像浪花，无止无休。
人人都在各显身手，争先恐后；
我却把愚顽和孤陋独自坚守。
为什么我总是跟人不一样，
难道我真的无欲无求?
不，我希望永远是一颗婴儿的心，
最在意的，
只是母亲的乳头…

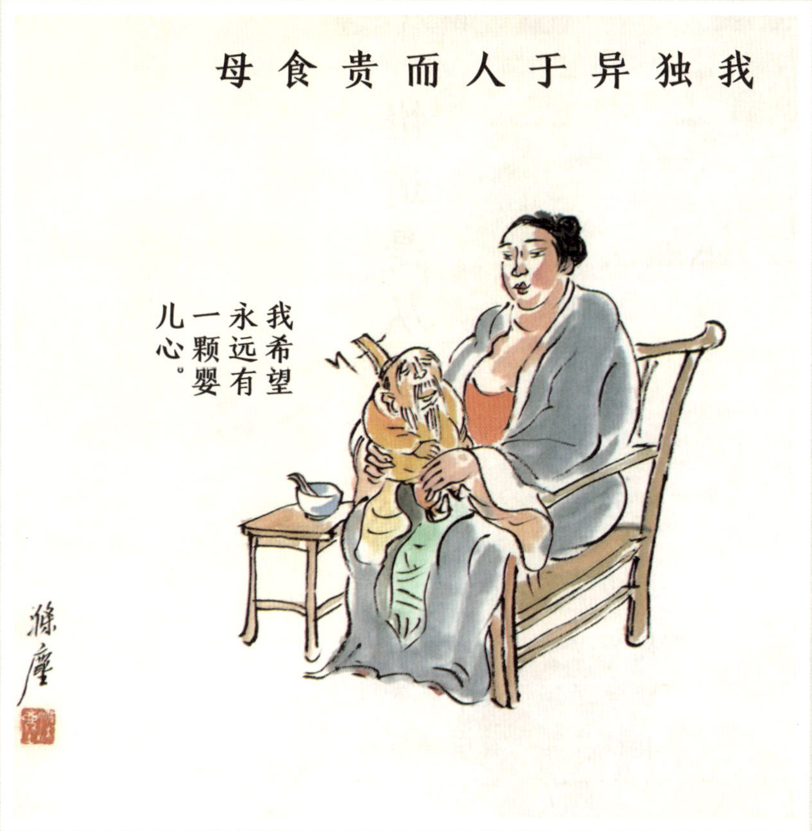


品读

老子说，在滚滚的红尘之中，让我清静一点，糊涂一点吧。我不要高官厚禄，不想争名夺利。能够像婴儿那样，有一口奶吃就足够了。实际上老子是以夸张的手法批判了社会的浮躁之风，讽刺某些人的贪婪之态。他的终极目的是劝人们安于无为之道。

## 第二十一章

# 惟道是从

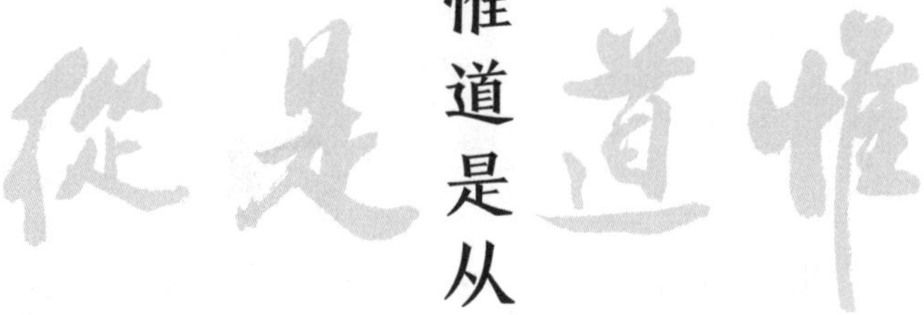


原文

孔德之容　惟道是从
道之为物　惟恍惟惚
惚兮恍兮　其中有象
恍兮惚兮　其中有物
窈兮冥兮　其中有情
其精甚真　其中有信
自古及今　其名不去
以阅众甫
吾何以知众甫之状哉　以此

诗译

最好的德是什么形状、情形？
要根据道的规律才能作出决定。
而道的本身又玄而又玄，
恍恍惚惚，隐隐约约，含混不清。

我们应从它的恍恍惚惚中，
来揣摩道的身影；
我们应从它的隐隐约约里，
来寻找道的原形；
我们应透过含混不清的迷雾，

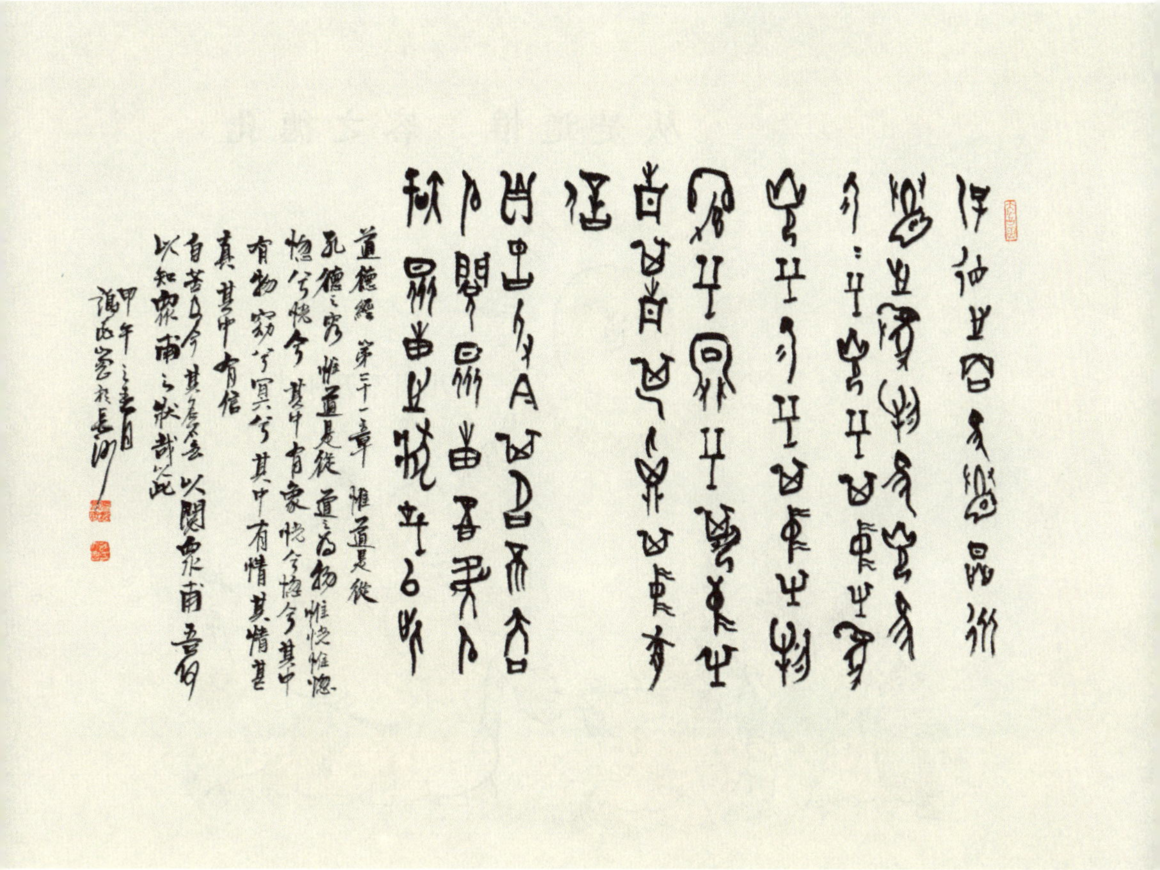

来感悟道的精灵。
因为它的存在真实可信，
因为它的精华光照古今。

从当今世界，到远古苍穹，
道的光芒灿烂晶莹。
它阅尽沧桑的变幻，
它遍览王朝的更兴。
要知晓事物的根源起始，
须把握道的真谛与本因。

品读

在这一章中，老子首次论述了“道”与“德”的关系。在老子看来，“德”的内容是由“道”的本质所决定的。高尚的品德来自于哪里？来自于按道的要求处世为人。道看起来恍恍惚惚，无态无形，但其实是客观存在的。真实和诚信是它的特点，这特点从古到今都不会变化。

## 第二十二章

# 柔曲则全

原文

曲则全　枉则直
洼则盈　敝则新
少则得　多则惑
是以圣人抱一为天下式
不自见　故明
不自是　故彰
不自伐　故有功
不自矜　故长
夫唯不争　故天下莫能与之争
古之所谓　曲则全者
岂虚言哉　诚全而归之

诗译

弯曲柔软的可以自我保全，
委婉绕行的能够伸展漫延。
低洼之处往往盈满积水，
守住旧地，方能迎来新天。
少取是为了真正的获得，
贪多常常会迷惑了双眼。
圣明的人都能坚守这一原则，
并作为应对天下事理的范典。

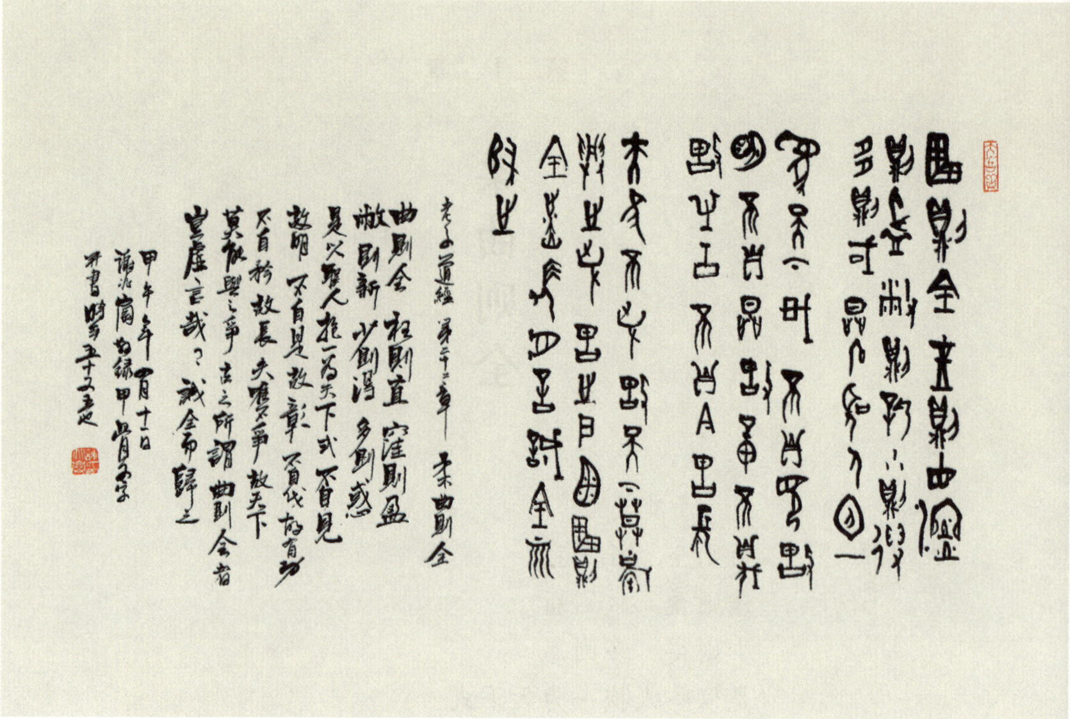

不过于炫耀自己的观点，
正确的理论终会大白于天。
不急于展示自己的成绩，
功过是非自在天下人的眼。
不放弃努力而妄自菲薄，
默默耕耘定有成功的一天。
不沾沾自喜而故作矜持，
才会受到拥戴，去祸延年。
只有不争，
你的眼前就没有对立之面；
没人与争，
你的道路自然长远。
这是自古以来一个简单的法则，
“柔曲便能保全”的道理决非虚言。

品读

老子用六种相互对立的形态来说明人为什么要与世无争。因为委曲可以保全，弯曲可以伸直，不满可以盈溢，老旧可以新生，缺失可以复得，贪多则会迷失。所以，要不自大、不自夸、不自矜、不自以为事。总之，你不去争，天下就没人与你来争。

## 第二十三章

# 顺其自然

**原文**

希言自然
故飘风不终朝
骤雨不终日
孰为此者　天地
天地尚不能久　而况于人乎
故从事于道者　道者同于道
德者同于德　失者同于失
同于道者　道亦乐得之　同于德者　德亦乐得之
同于失者　失亦乐得之　信不足焉　有不信焉

**诗译**

还是少议论些自然的事吧，
大自然的现象千变万化。
再大的狂风也刮不了一个早上，
倾盆的暴雨不可能整天地下。
这一切由谁来控制呢？
天地，只有天地才能主宰它。
然而天地也难定风雨的长久，
我们还是尊重自然，少说它吧。

处事待物也有着基本的方法，

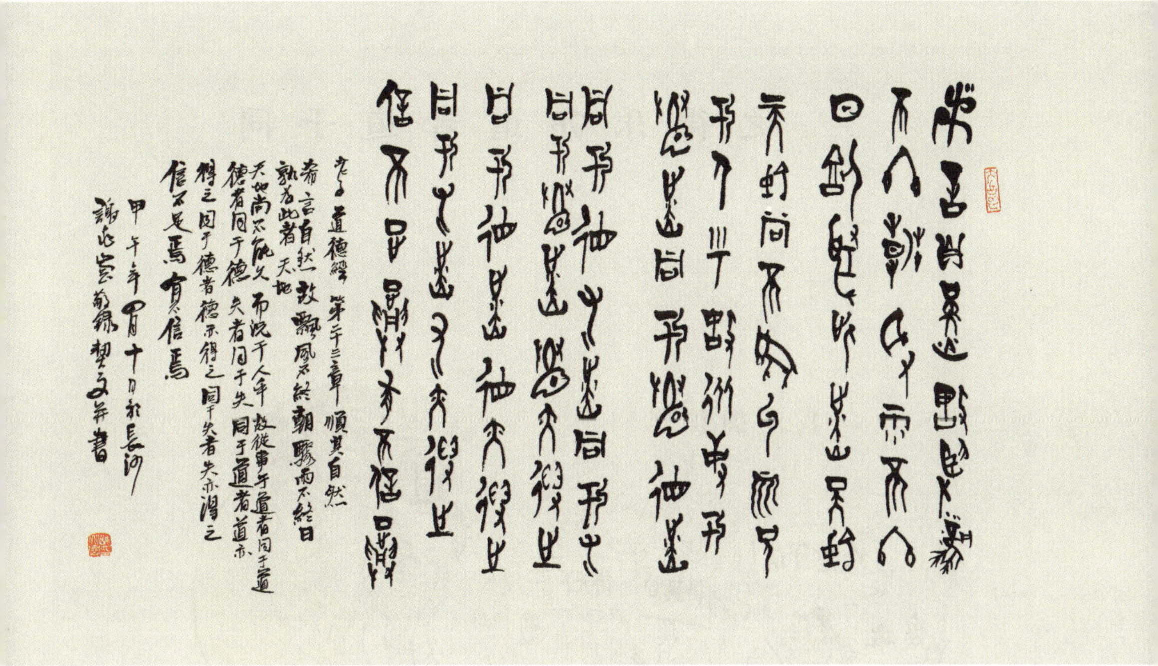

那就是顺其自然地做人说话。
经常用道的观点体察事物，
思想就能与道趋于一家。
遵循着德的修养和原则，
就能吸收德的养分与精华。
而那些失德失道之人，
则难免走向失败的悬崖。

与道保持一致的人，
道也会对他眷顾、容纳；
而修德守信之人，
德一定对他恩泽有加。
那些与道德的原则相背离的人，
最终将失去民心、天下。
就像一个领导者缺失了诚信，
又有谁会相信和听命于他？

品读

刮风下雨是由天决定的事情，人又岂能干涉得了？为人处事只有符合自然规律才能成功，人的品德只有符合道的精神才能得道。如果定要与自然规律相违背，那就只有失败一条路了。

## 第二十四章

# 欲速不达

原文

企者不立　跨者不行
自见者不明　自是者不彰
自伐者无功　自矜者不长
其在道也　曰余食赘行
物或恶之　故有道者不处

诗译

踮起脚尖，必然会左右摇摆；
跨着大步，走不了多远的地方。
固执己见之人，如何分得清事理；
自以为是之辈，有谁听你的主张？
夸夸其谈者，说什么建功立业；
自作矜持者，做什么众人之长？

从道的角度来看，这些行为可笑而荒唐。
就像多余的累赘之举，就像讨厌的残羹剩饭。
好高骛远，欲速不达，有道之人决不会这样。

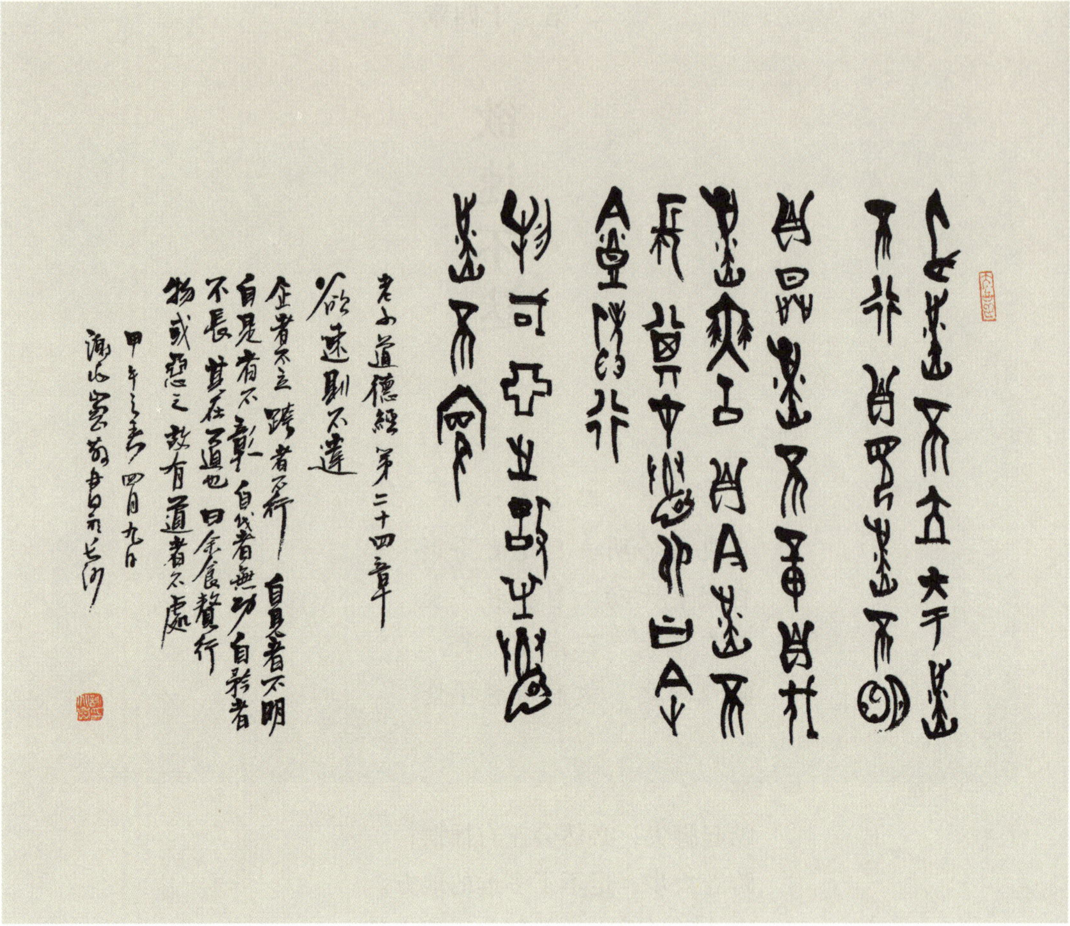

老子道德經第二十四章
欲速則不達
企者不立 跨者不行 自見者不明 自是者不彰 自伐者無功 自矜者不長 其在道也 曰余食贅行 物或惡之 故有道者不處
甲午之春 四月九日

品读

想站得高，踮起脚尖是立不久的；想走得远，脚迈太大也是不行的；固执的人分不清事理；自以为是的人不会成功；故作矜持的人如何领导众人？好高骛远，欲速不达。有远见的人是不会这样的。老子实际上是在暗示统治者，凡急功近利，炫耀张扬者，都不会有好结果。

## 第二十五章

# 道法自然

原文

有物混成　先天地生
寂兮寥兮　独立不改
周行而不殆　可以为天下母
吾不知其名　字之曰道　强为之名曰大
大曰逝　逝曰远　远曰反
故道大　天大　地大　王亦大
域中有四大　而王居其一焉
人法地　地法天　天法道　道法自然

诗译

有一样东西它先于天地而生，
在宇宙混沌之际便已形成。
它的声音寂寂，它的形态朦胧。
它特立独行而初衷不改，
它周而复始无灭无终。
它是天地之母，它是万物之根。

我也不知道它该叫什么名字，
就暂时以“道”做它的名称。
也可以再加上一个“大”字，
对它进行概括和形容。

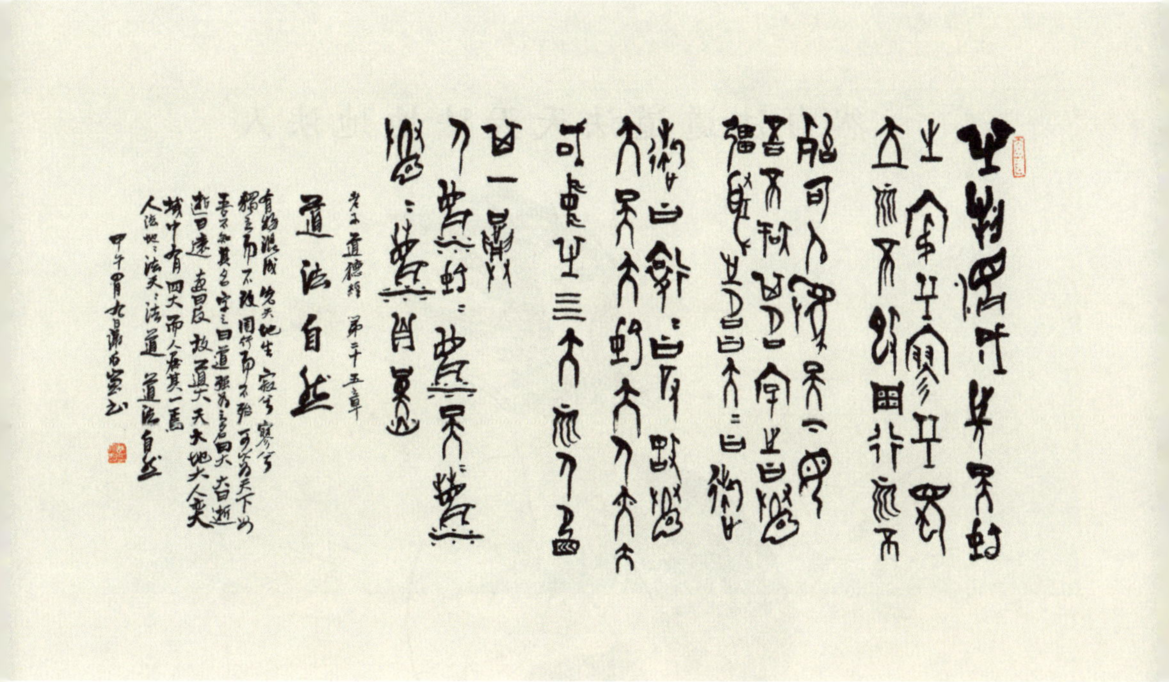

说它大，是因为它广阔无垠，
广阔得可以无影无踪。
它的无踪，是去了遥远的地方，
遥远得向无限的空间延伸。
它不断地循环反复，
返本归元，返璞归真。

所以，我们用“大”字来把道形容，
天地和帝王也可以用“大”字相称。
宇宙中这四种客观存在，
人，不过是其中的一种。
人遵从于生存环境的大地，
大地从属于广袤无际的时空。
时空遵循着客观规律的“道”，
道把自然规律作为法则和准绳。

品读

天、地、道、人。道是最大的，是先于天地万物的。其次是天、地、人。人生活在地上，所以要敬畏地；地由天覆盖，所以要敬畏天；天为道所包含，所以要敬畏道；道以自然为本，所以要效法自然。为什么是道大呢？因为它广大无边，深而且远，循环往复，生生不息。

## 第二十六章

# 静心止躁

原文

重为轻根
静为躁君
是以圣人终日行不离辎重
虽有荣观
燕处超然
奈何万乘之主而以身轻天下
轻则失本
躁则失君

诗译

以厚重作为根本，防止轻率；
致虚守静是抑制躁动的主宰。
就像君子终日驱车前行，
从不与他的辎重行李离开。
纵有美食胜景的吸引，
也不为所动，超然若泰。
为什么大国的君主总是强逞己能，
以轻率浮躁之心把天下事对待？
要知道，轻率很容易失去根本，
浮躁会使你掉下权力的高台。

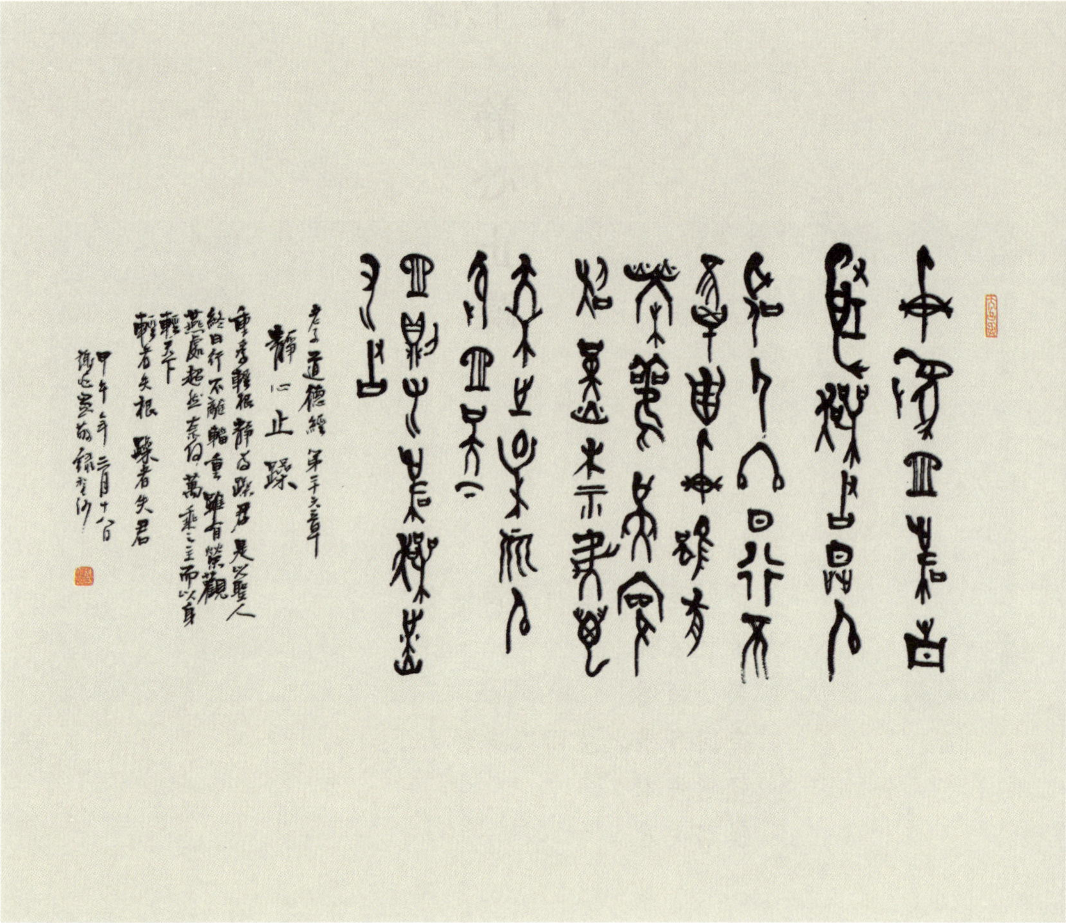
老子道德經 第二十六章
靜心止躁
重為輕根 靜為躁君 是以聖人
終日行不離輜重 雖有榮觀
燕處超然 奈何萬乘之主而以身
輕天下
輕者失根 躁者失君
甲午年 二月十八日

## 君失则躁本失则轻

品读

这一章着重论述了轻与重、动与静的关系。稳重是轻率的根本，清静是浮躁的主宰。一味地轻率将失去根本，而浮躁很可能连江山都会失去。分清轻重，把握静躁，区别贵贱、缓急、主次，这些都是为人处世的重要方法。静心止躁才能处事超然而不失根本。

## 第二十七章

# 善行无辙

原文

善行　无辙迹
善言　无瑕谪
善数　不用筹策
善闭　无关楗而不可开
善结　无绳约而不可解
是以圣人常善救人　故无弃人
常善救物　故无弃物
是谓袭明

故善人者　不善人之师
不善人者　善人之资
不贵其师　不爱其资
虽智　大迷　是谓要妙

诗译

具有大智慧真修养的善为之人，
他的行踪不留辙迹很难找寻；
他的言谈很少瑕疵可以挑剔，
他的谋划无须筹码也能践行；
他的关闭不用门闩也无法开启，
他的约束未见绳索却难以逃遁。

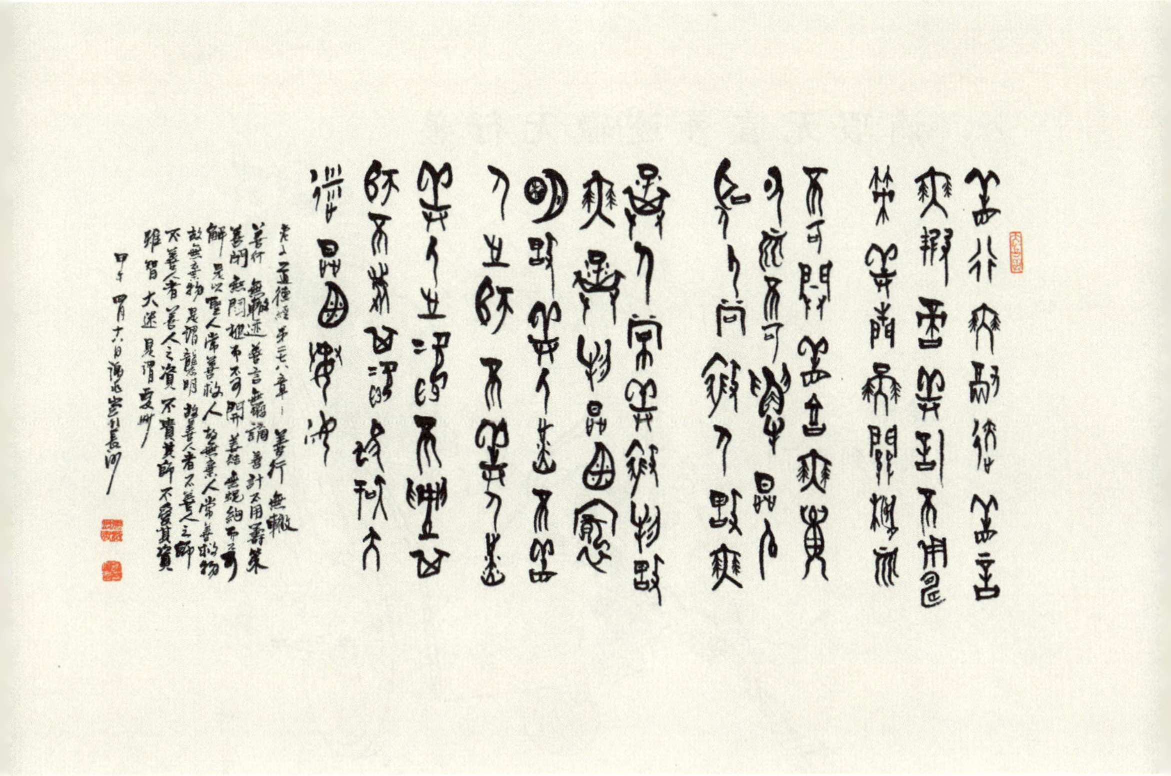

圣明之人常怀惜物救人之心，
对所有的人都不会遗弃欺凌；
将所有的事物都妥善利用，
这才是真正的智慧与聪明。

这些善于为人处事的智者，
是学习的榜样和效仿的典型。
而那些胡作妄为的教训，
则必须时时吸取，牢记在心。
遵循善为之道，借鉴他人之行；
否则即使睿智也非真正的聪明。
这便是为人的基本道理，
这也是处事的重要途径。

○品
○
●读

老子在这一章说了五种为人处世的情况，即善行、善言、善数、善闭、善结。但他的深意是说，这都没什么，真正聪明智慧的人，只要把人和物用好就行了。人尽其才，物尽其用，这才是真正的本事。

## 第二十八章

# 知雄守雌

原文

其知雄　守其雌
为天下谿
为天下谿
常德不离　复归于婴儿

知其白　守其黑
为天下式
为天下式
常德不忒　复归于无极

知其荣　守其辱
为天下谷
为天下谷
常德乃足　复归于朴

朴散则为器　圣人用之
则为官长　故大制不割

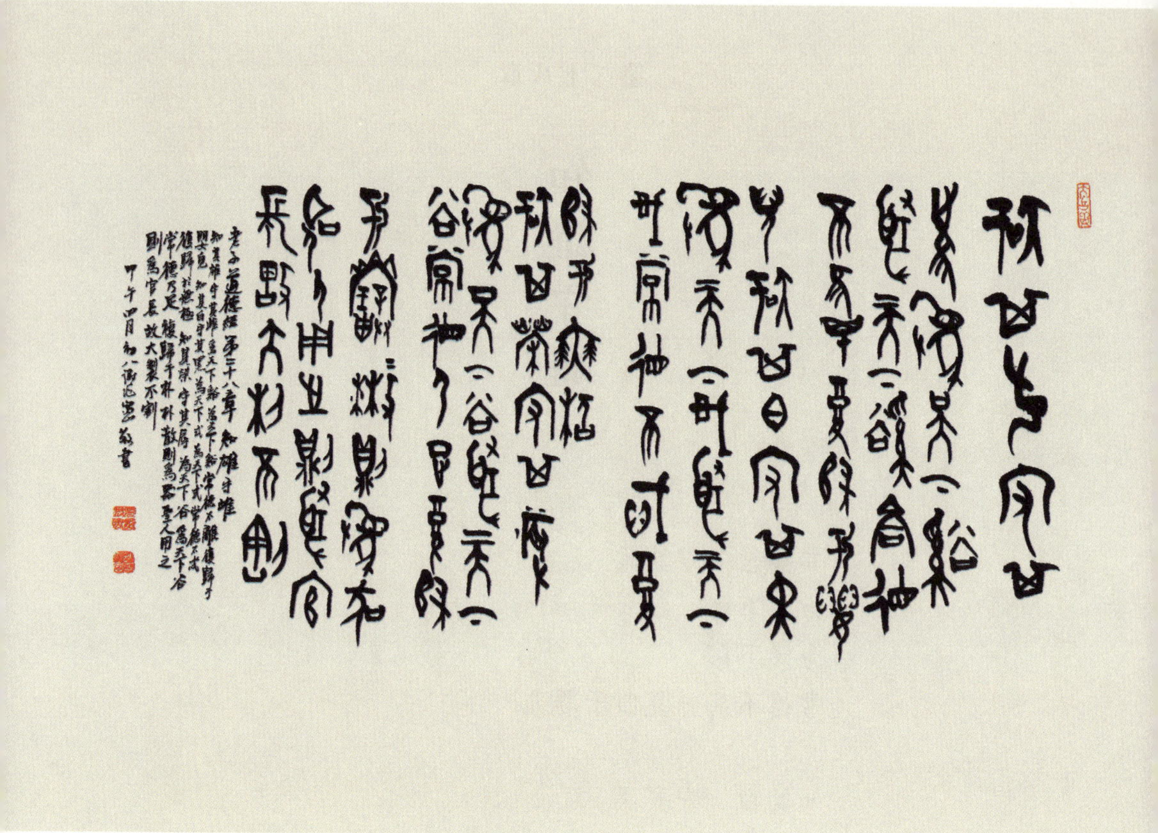

诗译

深知什么是雄阳的强悍作用，
恪守着雌阴的纤柔本性。
人生之路充满着沟沟坎坎，
刚柔并蓄方能通达天下的路径。
只有把握这个基本的道理，
才不会迷失恒常的德馨。
这是为人处事的最高境界，
心中要像婴儿一样安宁纯净。

深知什么是白昼的透亮晶莹，
却甘愿在黑暗中摸索着前行。
黑白分明且守得住黑夜的寂寞，
是天下探索者成功的原因。

坚持着为天下垂范的努力，
永恒的德就会相伴相形。
这是修身养性的最佳模式，
思想与天地合一，
无极无穷。
深知追求荣华显贵是世之常情，
却坚守着一颗卑辱的平常之心。
有纵览世间万壑的虚怀，
有博纳天下千山的胸襟。
敞开胸怀，
淡看世间的风吹云走，
永恒的真理在心中满溢充盈。
就像遨游在淳朴的自然境界，
如同漫步在清新的原始森林。

一棵大树被分割成各种材形，
就只能作成各式的器皿。
圣明的人明白了其中的道理，
方成为运筹帷幄的统帅将军。
参天大树不应该轻易分割，
根本大道更不能随意废停。

品读

知雄而不争雄，知白而甘居黑，知荣而守其辱，是老子哲学思想“守静”的重要体现，这也是一种境界。用知雄守雌的原则从事各种工作，参与社会生活，一定能达到良好的效果。除了这些之外，善于治理国家的人，还要做到无为而治，不用强权，使万事万物按照规律自由发展。

## 第二十九章

# 天下神器

原文

将欲取天下而为之
吾见其不得已
天下神器
不可为也
为者败之　执者失之
故物
或行或随
或嘘或吹
或强或羸
或挫或隳
是以圣人去甚　去奢　去泰

诗译

想奋力拼搏来夺取天下，
我看可能是迫不得已的办法。
天下是一个神圣而奇特的大鼎，
不可随意窥视，说拿就拿。
为所欲为者必遭失败，
窃为己有者终成空话。

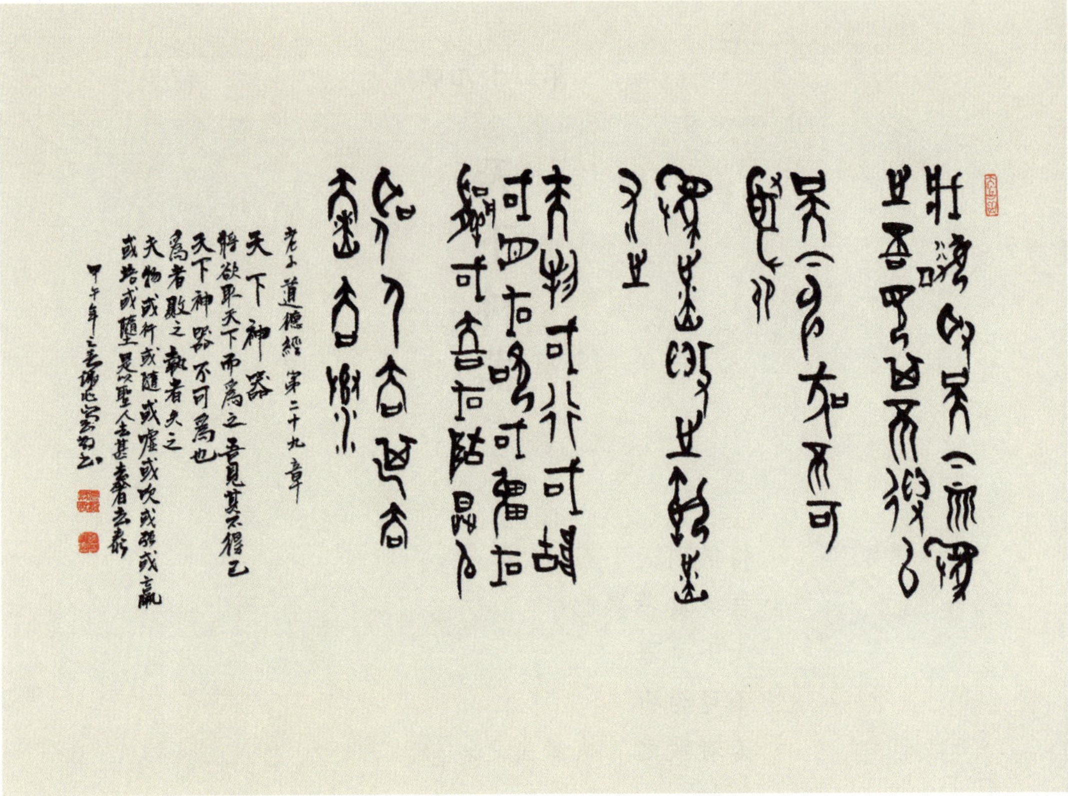


天下的众生秉性不一，
世间的万物千变万化：
或独来独往，或形牵影挂；
或长吁短叹，或枉自吐纳。
有的英武雄壮，有的羸弱疲沓；
有的相互依赖，有的自相残杀。

圣明的人要善于治理天下：
不苛求完美，不过度奢华。
做到顺其自然，取舍有度，
力戒极端和强制的方法。

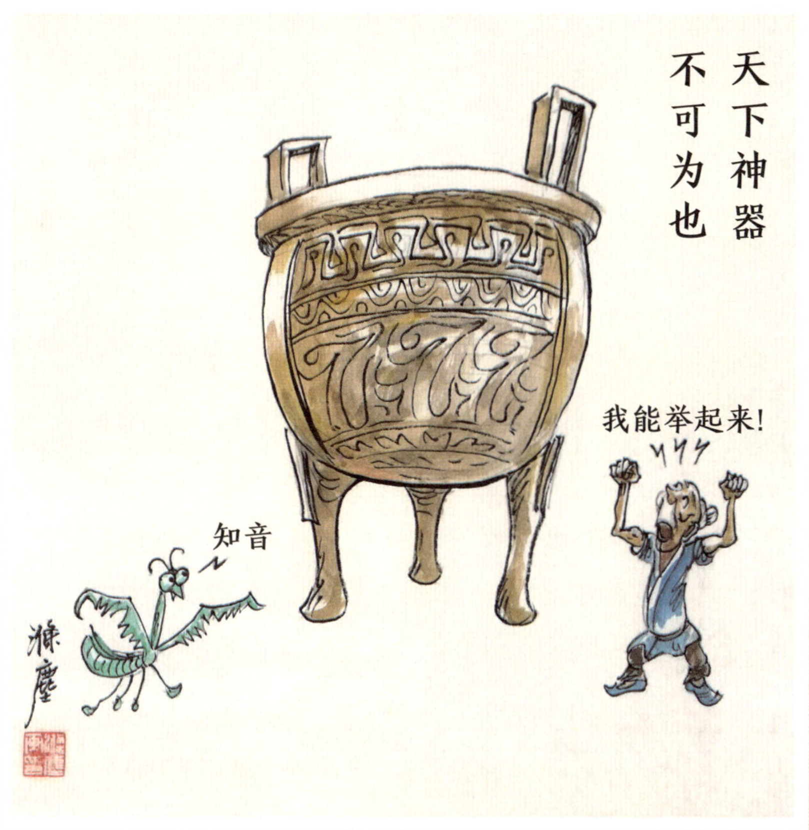


○品
○
●读

天下是个神圣的东西，不是想拿就能拿的。胡乱作为，会把天下搞乱。比如，你想前进，结果反而后退；你想强盛，结果反而弱小；你想少受点损失，结果全盘皆输。所以要去掉那些极端的、奢侈的、过分的想法，老子在这里强调，凡天下人各有其自己的个性，要允许人们个性差异的存在和发展。

## 第三十章

# 物壮则老

原文

以道佐人主者
不以兵强天下
其事好还
师之所处　荆棘生焉
大军之后　必有凶年
善者　果而已　不敢以取强
果而勿矜　果而勿伐
果而勿骄　果而不得已　果而勿强
物壮则老　是谓不道
不道早已

诗译

以道的理念辅助国家，
不一定要用武力称雄天下。
天下的事往往有自身的规律，
武力逞强未必会有好的报答。

大军所向，常常荆棘参差，
难免残害百姓，损坏庄稼；
血战之后，总是荒兵乱马，
田园荒芜，人民饥寒交加。

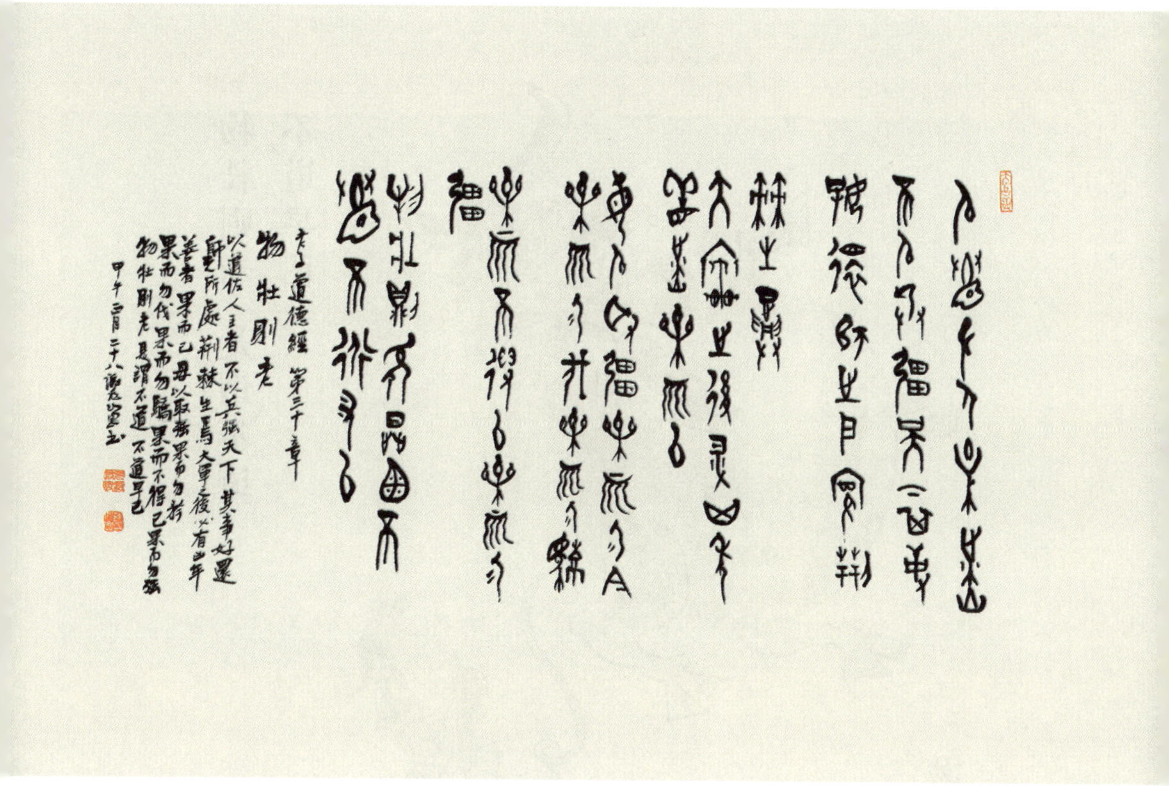

善于用兵者，只求目的的到达。
决不穷兵黩武，逞强称霸。
不以夺取城池而自傲，
不以辉煌战果而自夸。
出兵打仗是不得已的事情，
要适可而止，
别让胜利冲昏了脑瓜。

要知道事物过于强盛容易老化，
因为它不符合道的自然之法。
盛极必衰，物极必反，
违反自然之道必然过早地崩塌。

○品
○读

本章集中反映了老子的反战思想。治理国家，不应该用穷兵黩武的方式。因为打仗总会兵荒马乱。大战之后，必定是饥荒之年。不得已发生战争，能达到目的就行了。就是胜利了也不要自大，不要夸耀，不要骄傲，不要逞强。任何事物，过于强盛将容易走向反面，走向衰败，走向灭亡。

## 第三十一章

# 兵者不祥

原文

夫佳兵者　不祥之器
物或恶之　故有道者不处
君子居则贵左　用兵则贵右
兵者　不祥之器　非君子之器
不得已而用之　恬淡为上　胜而不美
而美之者　是乐杀人
夫乐杀人者　则不可以得志于天下矣
吉事尚左　凶事尚右
偏将军居左　上将军居右
言以丧礼处之
杀人之众　以哀悲泣之
战胜　以丧礼处之

诗译

自古以来谁都知道，
用兵打仗是不祥的征兆。
天下的人都厌恶战争，
有道之士从不将它依靠。
如同君子的居处以左边为尊，
用兵打仗则以右边为好。

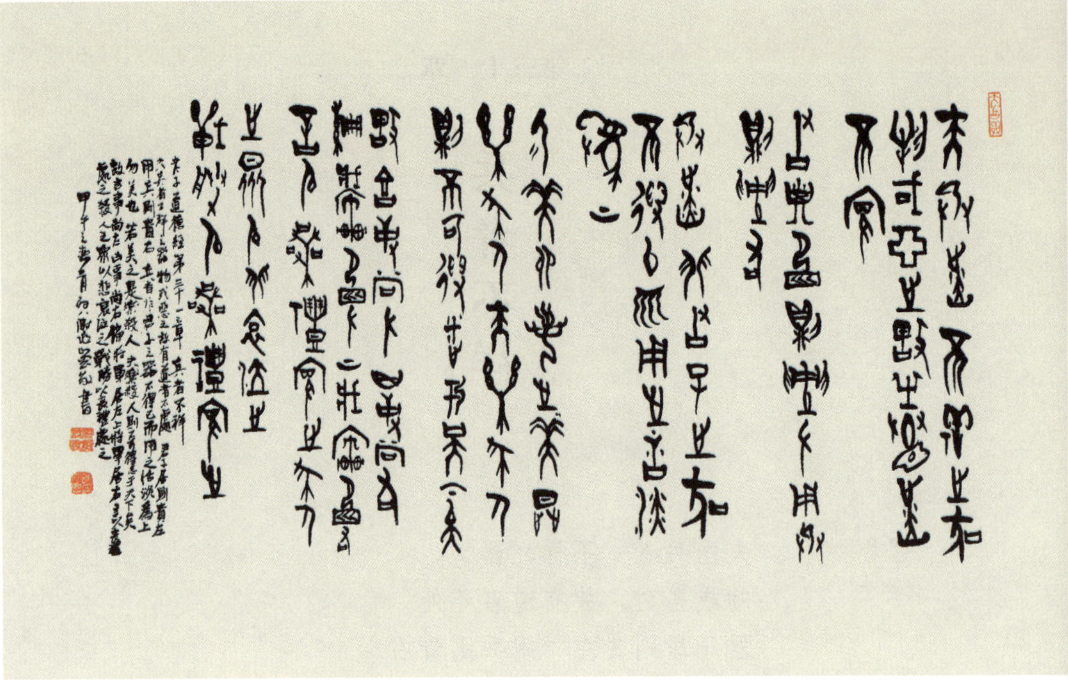

君子从不以尖兵利器为傲，
迫不得已才偶尔舞枪弄刀。
要以淡然的心态来看待战争，
即使战胜了也不陶醉逍遥。
如果得意忘形地以杀人为乐，
必遭天谴人怨，天下一片萧条。

吉庆的事情以左边为贵，
凶险的战争摆右边为好。
就像军营里偏将军居左，
上将军居右，凶吉各有其道。
因此，要以敬畏之心参与战争，
对众多的死伤者，致以深切地哀悼。
如果战争取得了胜利，要举行隆重的葬礼，
来祭奠逝去的英豪。

○
○
● 品读

老子虽有反战思想，但不反对一切战争。兵器和战争都是不祥的东西，不到万不得已，是不能用的。真正的君子是心地善良、厌恶杀生的人，遇到战争的时候，能达到自己的目的就行了，不要一味地杀人，一味地逞强。取得了胜利，要真心地哀悼死去的人，为他们举行葬礼。

## 第三十二章

# 海纳百川

原文

道常　无名朴
虽小　天下莫能臣
侯王若能守之
万物将自宾
天地相合　以降甘露
民莫之令而自均
始制有名　名亦既有
夫亦将知止
知止可以不殆
譬道之在天下
犹川谷之于江海

诗译

永恒的道啊，质朴而无名。
它幽隐渺小，无状无形。
但天下谁也不能使它臣服，
没有谁能将它作为附庸。
王侯将相若能遵守道的原则，
苍生百姓自然会相敬如宾。

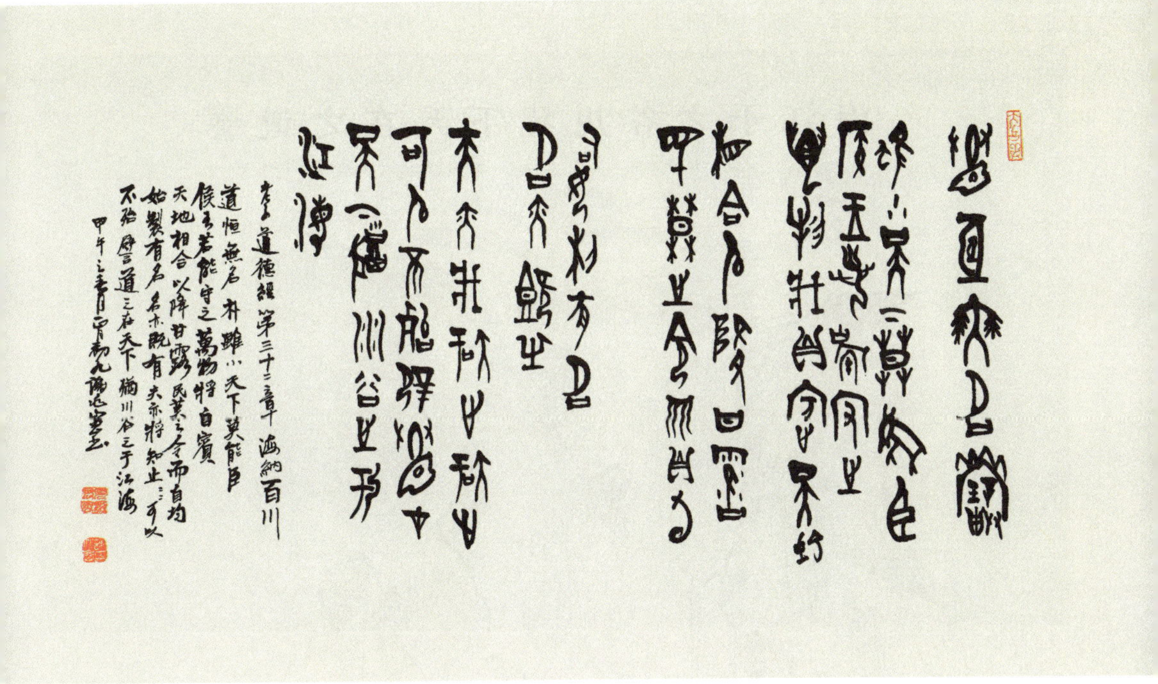

天地的浩瀚之气交合更兴，
形成了风雨，降下了甘霖。
人们不必指望它听从召唤，
自然的规律会使它滋润均匀。

治理天下也同万物生长一样，
各有其确定的名分、形成的原因。
一旦存在的理由和名分已定，
就需要有所制约，当行则行。
任何事情能做到适可而止，
就不会危机四伏，如履薄冰。
道广被于苍穹，像滔滔的江海，
将百谷千川纳于它博大的胸襟！

品读

领导者若能按照道的规律行事，大家就会自觉地服从他。老子告诫人们，不要拼命地追求业绩，追求物资，追求名利，任何事都要适可而止。只有这样，才能远离危险，避免灾祸。江河千流，归于大海。道就像大海，它是天下人的归宿。

第三十三章

# 自知者明

原文

知人者智
自知者明
胜人者有力
自胜者强
知足者富
强行者有志
不失其所者久
死而不亡者寿

诗译

人智能知人善任，
人贵有自知之明。
识人不易自知难，
知人知面不知心。

战胜别人靠的是力量，
战胜自己才是真正的英明。
能力和权势常掩盖自己的不足，
只有强者才能把弱点看清。

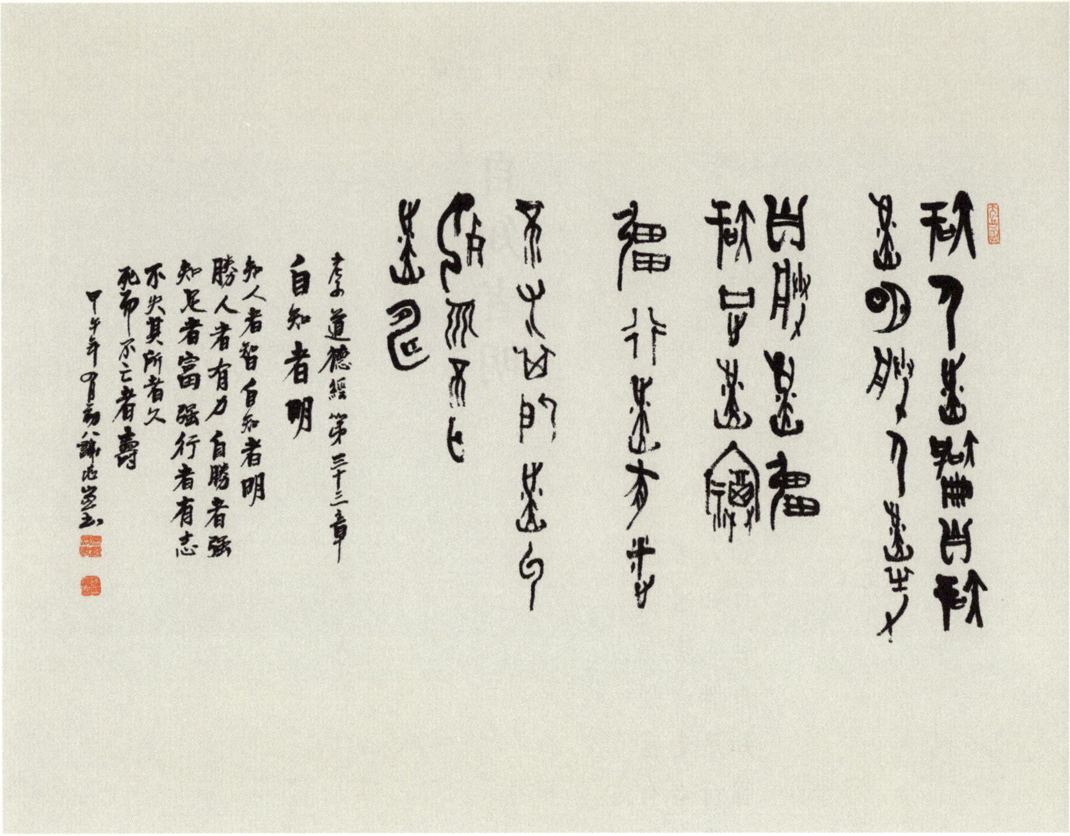


知足才是真正的富有，
有志者成功在身体力行。
人生的辉煌与成就，
来源于知足和努力辛勤。

不迷失方向方能长久远行，
不丧失自我才会坚毅清醒。
身虽死而事业精神不老的人，
才是真正的高寿，万古长青。

○ 品
○ 读

人要有自知之明，了解别人是真智慧，了解自己是真明白。战胜别人不过是有力而已，能够战胜自己才是真正的强者。知足的人是真正的富者，有志者要身体力行。不忘根本才能长久。人死了而精神常在，才是真正的长寿。

## 第三十四章

# 自然之道

原文

大道泛兮
其可左右
万物恃之而生而不辞
功成不名有
衣养万物而不为主
常无欲
可名于小
万物归焉而不为主
可名为大
以其终不自为大
故能成其大

诗译

大自然的规律是根本之道，
像江河的水一样奔腾呼啸。
它无处不在，它纵横左右，
它是大地上万物生长的依靠。
它不辞劳苦，它不求回报，
将阳光雨露遍洒在天涯海角。

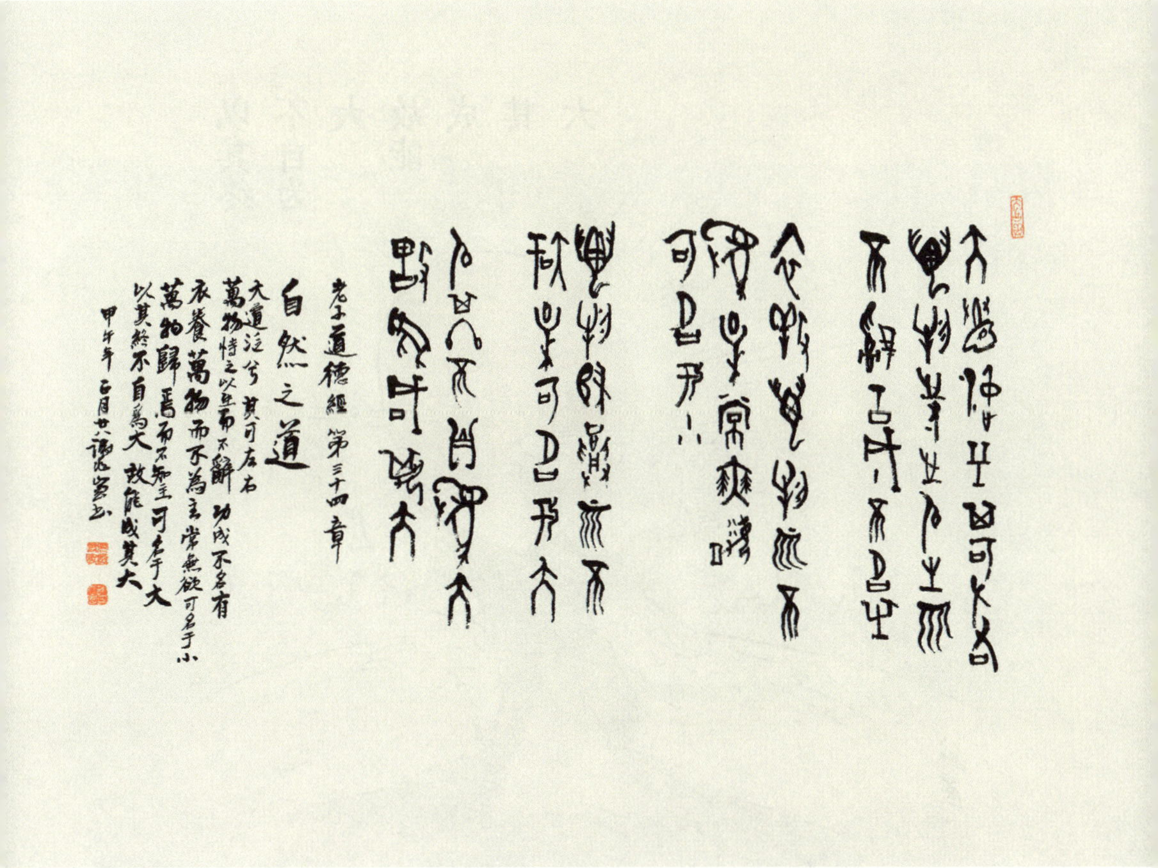


它成就了万物而不居功，
它孕育了天地而不自傲。
它没有欲望，没有奢求，
显得是那样的自卑渺小。
它纵览万物而不作主宰的胸怀，
是名符其实的真正的大道。
在自始至终的涵纳吞吐中，
我们看到了大自然的浩瀚奇妙！

品读

老子在这一章里宣扬了“道”的作用，赞扬了“道”的伟大。道如此广大，它无处不有，无处不在。天地靠它而生，它不求功劳；万物靠它而养，它不作主宰。无欲无求，看似很卑微，从不自以为大。这才是真正的伟大。不大而大，是人生的境界，也是自然之道。

## 第三十五章

# 大象天下

原文

执大象　天下往
往而不害　安平太
乐与饵　过客止
道之出口　淡乎其无味
视之不足见　听之不足闻
用之不足既

诗译

谁掌握了天下趋势的大道，
天下的人都会把它向往和投靠。
人们遵从于道的规律，
就不会自相残害，天下也太平安好。
就像美妙的音乐和可口的食物，
过路的行人都会驻足以瞭。

把道从口中说出来，
似乎平平淡淡，没有味道。
仔细寻找，它不是很大；
仔细倾听，也不太美妙。
而它的用处却无尽无穷，
永不过时，像常青树永不枯凋。

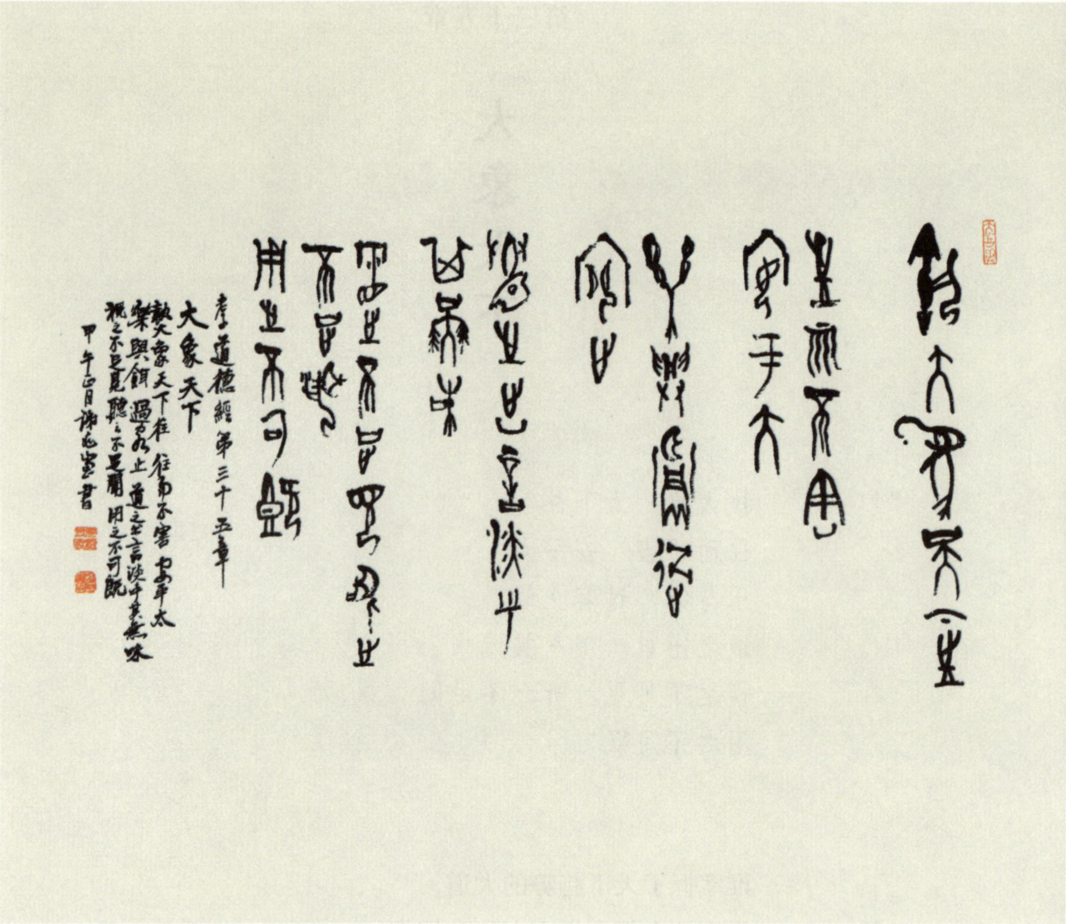
老子道德經第三十五章

○品
○
●读

老子认为“道”无处不在，无时不有。能守大道的人，天下的人都会向往和追求他。因为跟着他不会受到侵害，可以安享太平。那些悦耳的音乐，可口的美食，就像过客一样，只是短暂的享受而已。虽然道淡而无味，既看不见，又听不到，但它却取之不尽用之不竭。

## 第三十六章

# 物极必反

原文

将欲歙之
必固张之
将欲弱之
必固强之
将欲废之
必固兴之
将欲夺之
必固与之
是谓微明
柔弱胜刚强
鱼不可脱于渊
国之利器不可以示人

诗译

任何事物都是物极必反的轮回，
相反相成是千古不易的法规；
要想将某处的门窗关闭，
必定是那扇打开的门扉。
要想削弱某一种势力，
那它原来一定强悍有为。
想要废弃的某些事物，

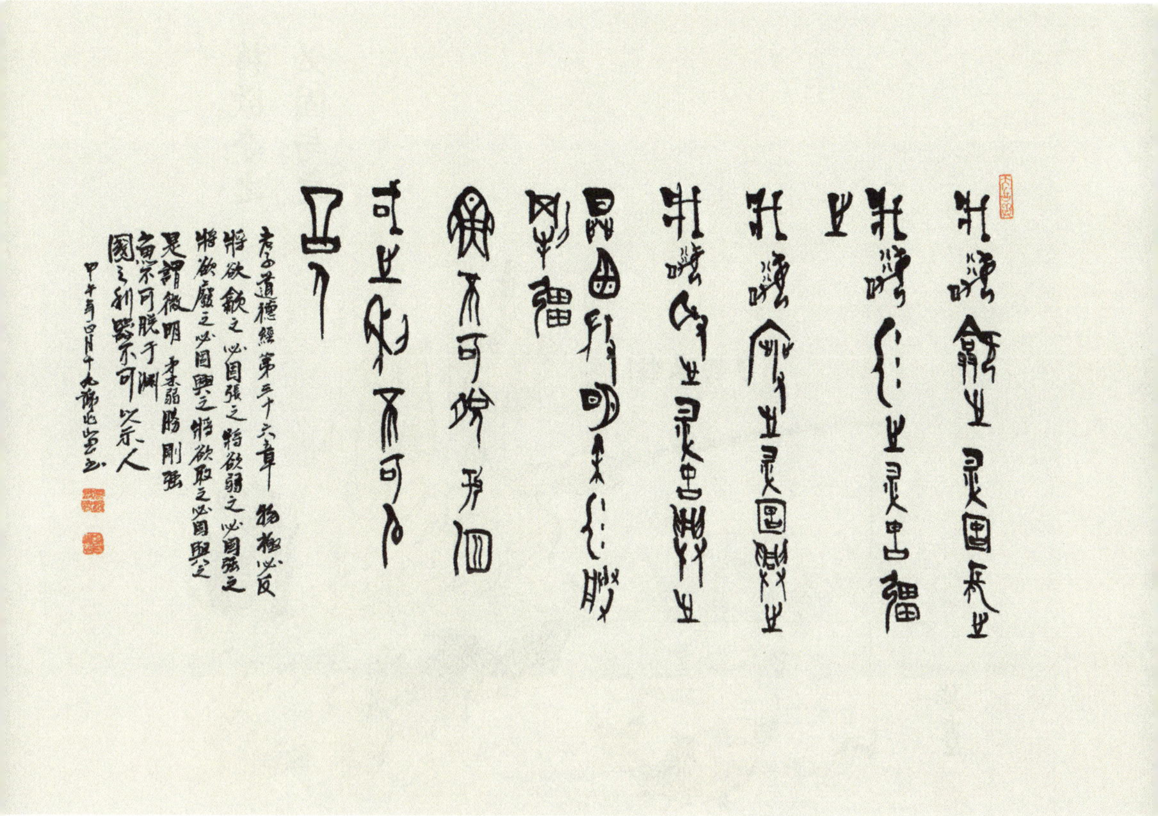


它一定有曾经的灿烂光辉。
想要夺取权力和财物，
一定是权高利重，库满仓肥。

这些道理看似微妙隐晦，
实际上明明白白，殊途同归。
柔弱的可以胜过刚强，
取舍兴废都只是暂时的行为。
离开了江湖河海的鱼何以生存？
国家的刑罚重典岂能向人民示威？

○ 品
○
● 读

物极必反是自然的法则。任何事物,想要收敛它,必先使它扩张;想要削弱它,最好先巩固它;想要废弃它,必先兴起它;想要夺取它,必先给予它。因为大自然有一个千古不易的法则:物极必反。鱼是不能离开水的,国家的重器是不能炫耀的。否则,不是鱼死,便是国亡。

## 第三十七章

# 无为之道

原文

道　常无为　而无不为
侯王若能守之　万物将自化
化而欲作
吾将镇之以无名之朴
无名之朴　夫亦将无欲
不欲以静　天下将自定

诗译

道，永远顺应着自然之规，
它不造不设，似乎毫无作为。
但万物由它而生，恃它而长，
它的作为与天地同辉。
王侯将相若能持守无为之道，
矛盾和冲突自然会烟灭灰飞。

浑浊的尘世难免有私欲相催，
我用无名而质朴的道来遏制包围。
没有了私欲，坚守住宁静，
风清气正的天下就能璞返真归。

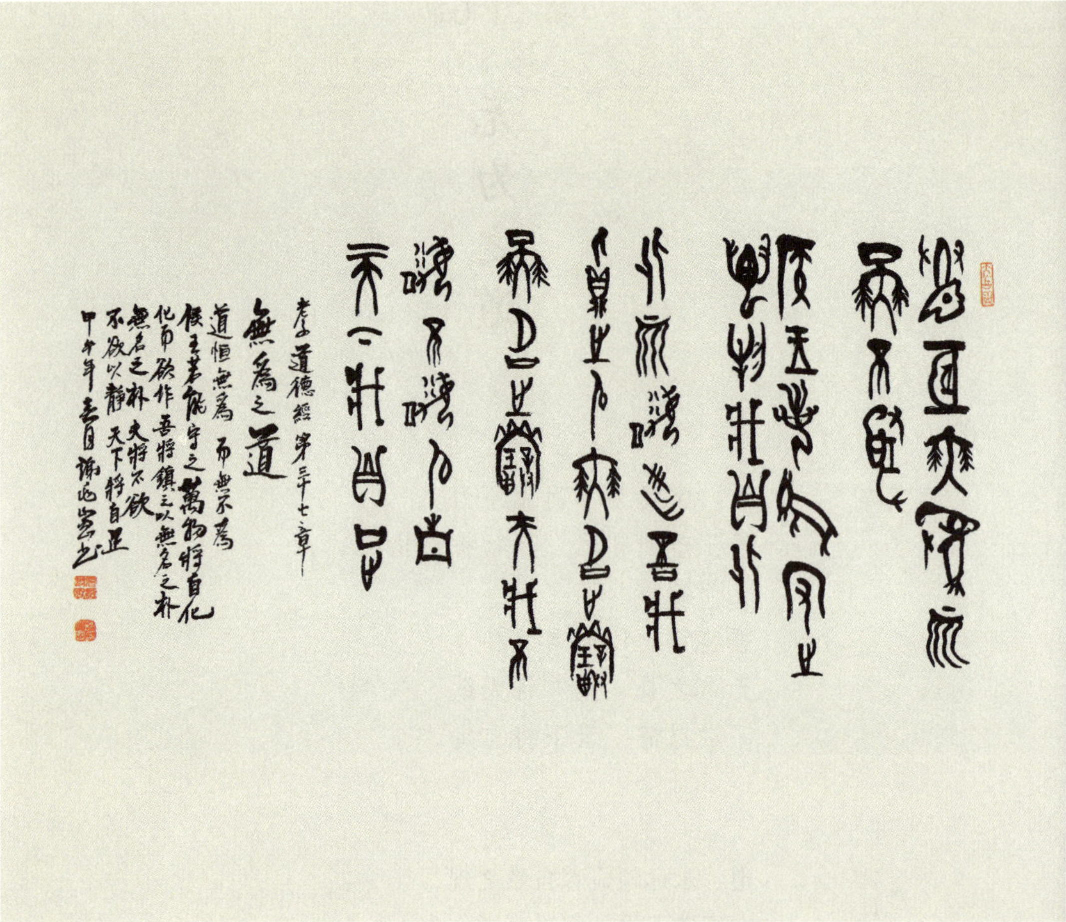
老子道德經第三十七章
無爲之道
道恒無爲 而無不爲
侯王若能守之 萬物將自化
化而欲作 吾將鎮之以無名之朴
無名之朴 夫將不欲
不欲以靜 天下將自正
甲午年春日

○ 品
○ 读
● 

在这一章中，老子进一步论述了“无为而无不为”的政治主张。不要认为大自然啥也没干，实际上它是无所不为的。它时刻关注着世间的万事万物。它看似无形而有形，看似无眼而有眼。领导者若知道并守住这些道理，让事物按自然的规律生存发展，那世界自然是太平的。

# 第三十八章

# 循道修德

**原文**

上德不德　是以有德
下德不失德　是以无德
上德无为而无以为
下德为之而有以为
上仁为之而无以为
上义为之而有以为
上礼为之而莫之应
则攘臂而扔之
故失道而后德
失德而后仁
失仁而后义
失义而后礼
夫礼者　忠信之薄
而乱之首
前识者　道之华
而愚之始
是以大丈夫处其厚
不居其薄
处其实　不居其华
故去彼取此

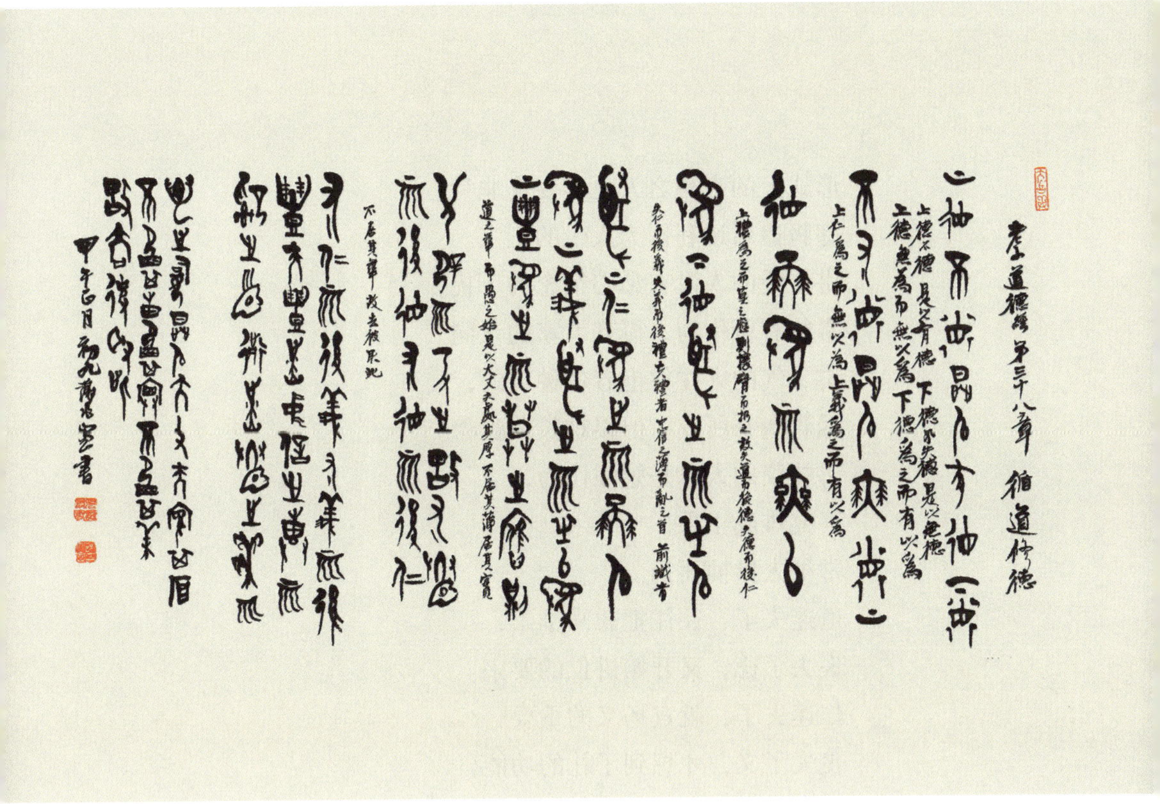

诗译

德的修养达到上乘境界的人，
从不将德的形式看得过于认真。
美好的品德不需要显露于外表，
才是真正具备了德的精神。
有些人德的修养只有下等境界，
却时时将德的教义不离口中。
尽管形式上离德似乎不远，
实际上与高尚的品德完全不同。
一切顺其自然，
才是真正有德的人，
他从不违背规律追求建业立功。

形式上的有德之人也不妄作非为，
却将追名逐利作为人生的正宗。
讲仁爱的人没有私心杂念的干扰，
常能有所作为，得到大家的认同。
讲义气的人往往抱着各种目的，
尽管偶有所成，但很难长久驰骋。
讲礼仪的人总是勉强作为，
终究难成正果，
常被人拂袖而扔。
道迷失了，往往把德来推崇，
失去了德，又开始讲仁的要宗。
仁迷失了，就宣扬义的重要，
丧失了义，才想到了礼的功能。
而这个传说中所谓的礼啊，
却是忠义和诚信不足的化身。
它是战争爆发的引信，
它是社会动乱的祸根。

那些自以为有先见之明的人，
并没有掌握道的要义精神。
所凭恃的不过是道的虚华，
实际上是愚昧的开始，
失败的动因。
大丈夫处世要深沉而不浅薄，
为人要朴实，力戒奢华虚荣。
这就是去彼取此的原则和道理，
也是循道修德必由的路程。

品读

本章承上启下，有由道启德的意义，是“德经”的开篇。在老子看来，有良好品德的人是不会炫耀自己的，这是真正的美德。相反，品德不好的人却总喜欢炫耀自己。有德之人清静无为，无德之人碌碌多为。所谓仁义也好，忠信也好，礼仪也好，对于道，对于自然规律而言，只不过是统治者愚弄百姓的说辞。

## 第三十九章

# 贱为贵本

原文

昔之得一者　天得一以清
地得一以宁　神得一以灵
谷得一以盈　万物得一以生
侯王得一以为天下贞

其致之
天无以清　将恐裂
地无以宁　将恐发
神无以灵　将恐歇
谷无以盈　将恐竭
万物无以生　将恐灭
侯王无以贵高　将恐蹶

故贵以贱为本
高以下为基
是以侯王自谓孤寡不谷
此非以贱为本邪　非乎
故致舆无舆　不欲
琭琭如玉　珞珞如石

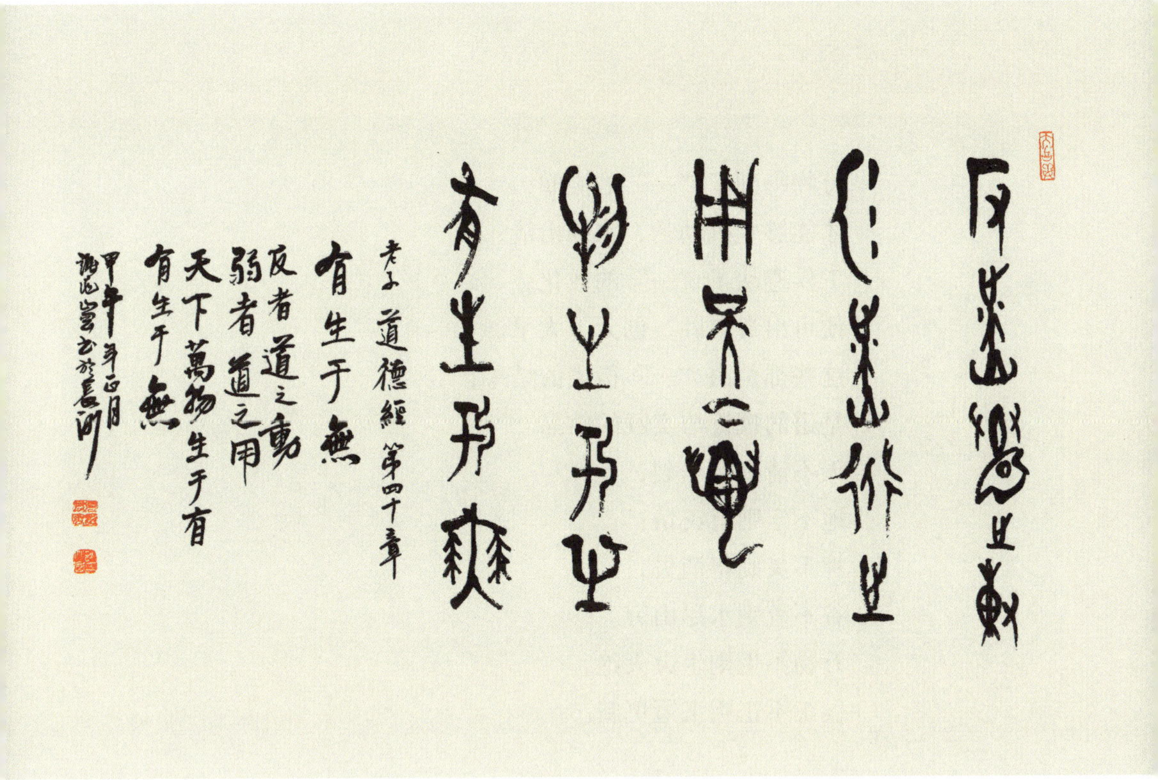


○
● 诗译
○

天地万物都有生成的原因，
那就是道，
也可用“一”来将它命名。
天遵循了“一”的规律，
便有了云开日出，气象清明；
地遵循了“一”的原理，
便有了河清海晏，祥瑞安宁；
神仙感悟了“一”的法则，
才能够灵验造化，应手得心；
山谷顺应了“一”的趋势，
方能够繁荣昌盛，坚实充盈；

万物得到了“一”的滋润，
才能够生机勃勃，水绿山清；
王侯遵从了“一”的教化，
便可出奇制胜，创天下太平。
这些都是由“一”衍生的结果，
是道的理论与实践的结晶。
天不清则会崩裂，
地不宁则有灾情；
神不灵则将消失，
谷不盈则水尽山穷。
万物不生则生灵灭绝，
侯王不正则王冠更新。

要记住，
尊贵以低贱为基础；
须知道，
高位以低下作本因。
王侯们总是谦虚地称孤道寡，
不正是以低贱卑微来谨言慎行？
我看其实也不必如此，
至高无上的荣誉终不过虚名。
何必像珍珠宝玉那样光彩夺目？
倒不如滚滚的落石有声有形！

品读

老子在这里将自然规律比喻为一，一是至高无上之意。天地神人，万事万物，莫不以一为尊。在自然规律面前，贵贱、高下都是可以相互转化的。贵以贱为本，高以下为基。因此，老子说：何必太在意那光彩夺目的美玉，做一个实实在在的石头有何不好？

## 第四十章

# 有生于无

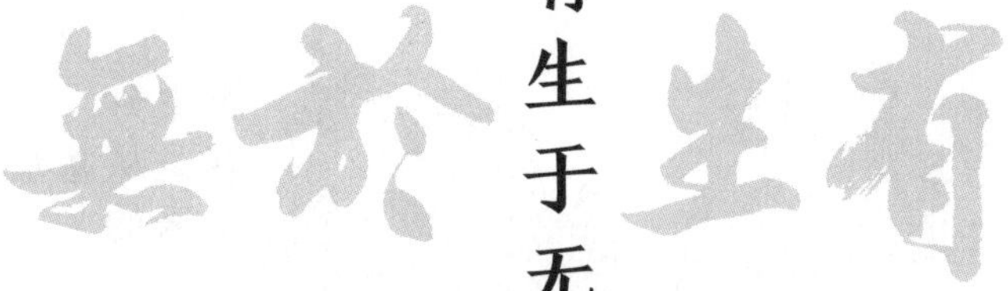


原文

反者
道之动
弱者
道之用
天下万物生于有
有生于无

诗译

物极必反，
是道的运动轨迹。
柔弱为本，
是道的应用规律。

天下万物都是有形的物质，
它们生成于
可见可知的现实天地。
而这些可见可知的有形物体，
却要在无形的存在中
去生成、去寻觅。

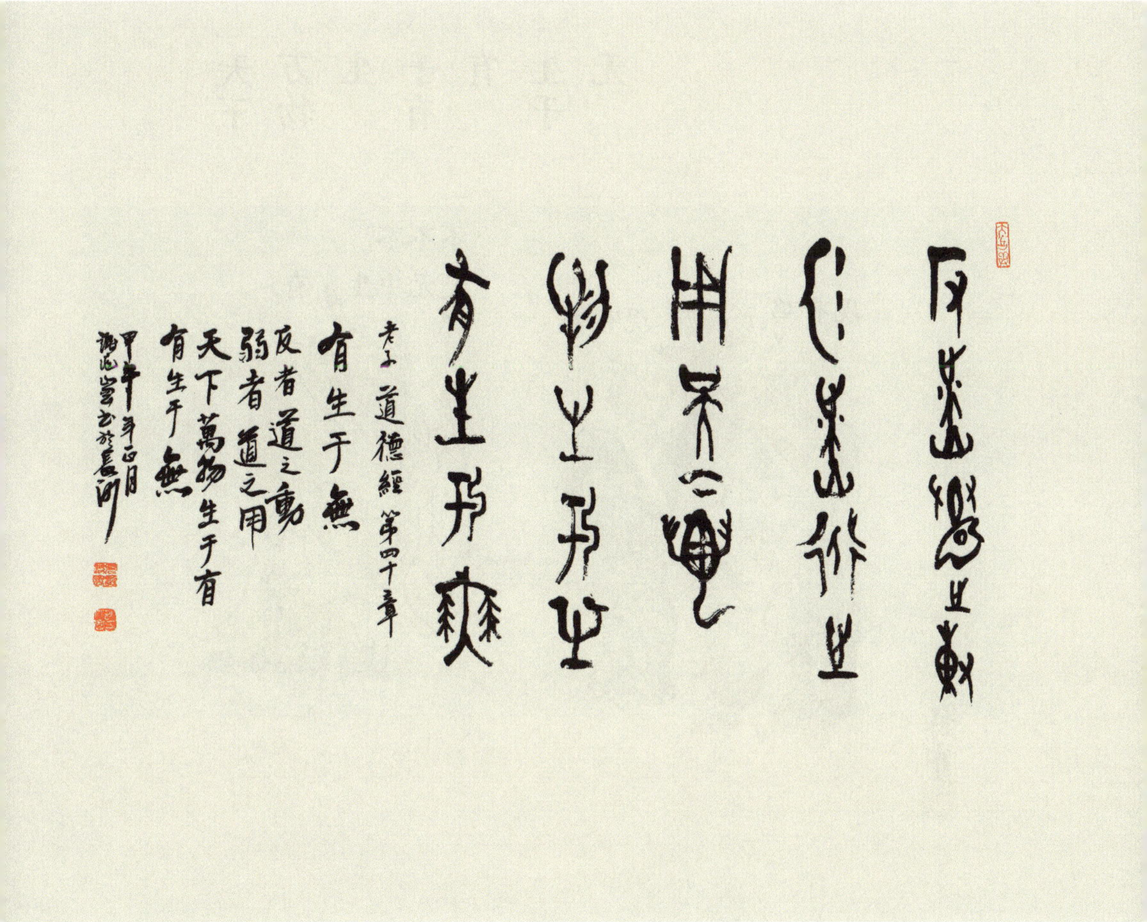

老子 道德經 第四十章
有生于無
反者道之動
弱者道之用
天下萬物生于有
有生于無
甲午年正月

○ 品
○ 读
●

物极必反，柔弱为本，这是老子反复强调的自然规律。天下有万物，万物既蓬勃生长（有），又纷纷死亡和凋零（无）。这样周而复始，死而更新。不断地循环往复，这便是万物生于有，有生于无。但“有”是什么，“无”又是什么，老子始终未说清楚。

## 第四十一章

# 善始善成

原文

上士闻道　勤而行之
中士闻道　若存若亡
下士闻道　大笑之
不笑　不足以为道

故建言有之　明道若昧
进道若退　夷道若颣

上德若谷　大白若辱
广德若不足　建德若偷　质真若渝

大方无隅　大器晚成
大音希声　大象无形
道隐无名　夫唯道　善贷且成

诗译

坚持不懈地追求道的真谛，
是具有高深修养的有志之人；
普通的人对道的认识不足，
总觉得似懂非懂，似幻似真；
而那些粗俗之人哪知什么是道？

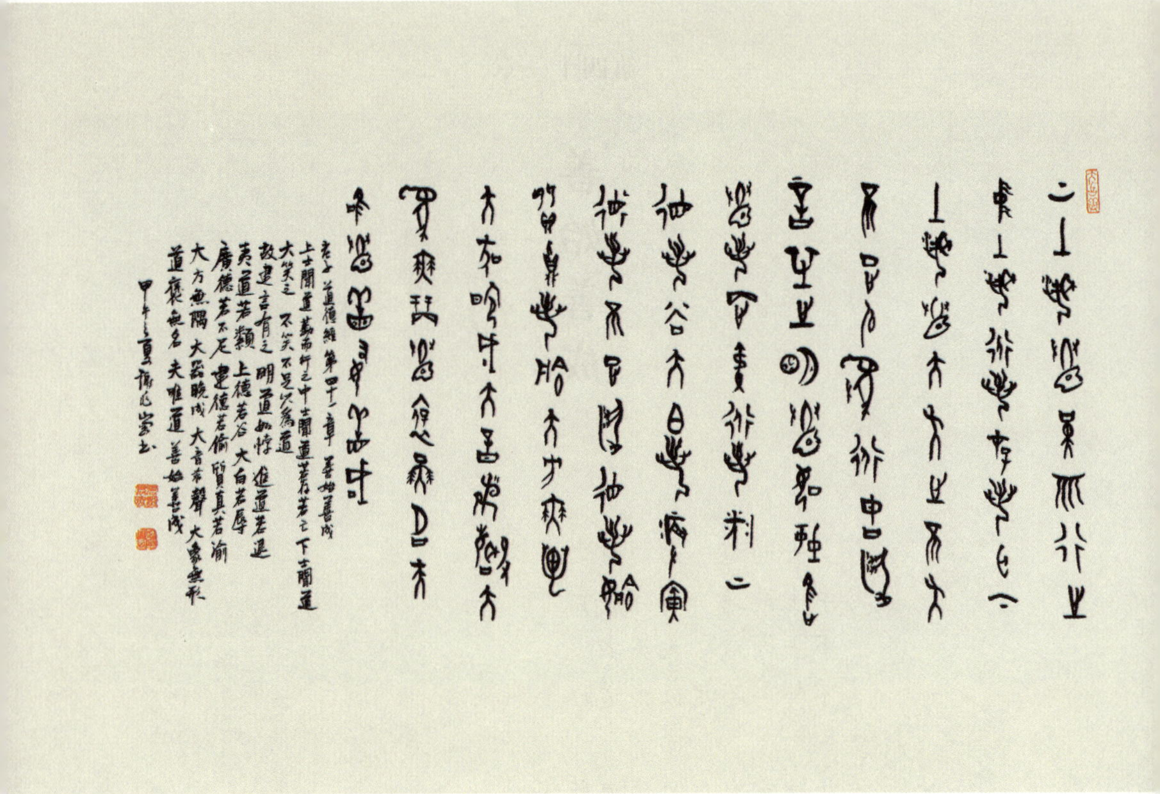

反而哈哈大笑，说它荒诞不经。
其实让他们笑笑又有何妨，
真正的道，
本来就是在讥笑中诞生。

所以古代建言立论之人，
对“道”有这样的评论：
明明白白的“道”，
表面上似乎晦涩高深；
积极进取的“道”，
看起来总是后退半分；
平坦通达的“道”，
反而坎坷曲折，荆棘丛生。

高贵的品德，
往往隐藏在深谷之中；
洁白的丝绸，
难免沾上污垢灰尘。
即使深沉而宽广的德性，
也常有缺陷和不足相伴相生。
刚健的品德，
总显得那么隐蔽；
纯真的品质，
也似乎变幻无穷。

在一个宽阔的平地上，
很难找一个角落来藏身；
制造一个硕大的器皿，
肯定到最后才能烧成。
人们都说天籁之声很美，
但真正的“天籁”，
听到的能有几人？
你看茫茫的宇宙，
谁能知道它的全貌？
就像“道”一样神秘，
它来去无踪。

涵盖万物的“道”啊，
我该用怎样的名字把你相称？
无所不在的“道”啊，
你恩泽天地，
你善始善成！

品读

有志之人努力实行大道，普通的人觉得若有若无，而粗俗之人则哈哈大笑。不笑，就不是真理了。正确的东西常常被看错，前进的路总是很曲折。美丽的声音很多人听不到，抽象的大道，很多人也看不到。但无论如何，它自始自终都存在着，在老子看来，只有“道”才能使天下万物善始善终。

## 第四十二章

# 道生万物

原文

道生一　一生二　二生三　三生万物
万物负阴而抱阳　冲气以为和
人之所恶　唯孤寡不谷
而王公以为称
故物　或损之而益　或益之而损
人之所教　我亦教之
强梁者不得其死　吾将以为教父

诗译

“道”，是自然本质的核心原理。
这就是“一”，
是万物归宗的总的前提。
前提之下，各种物态相辅相成；
这就是“二”，
是事物产生的基本规律；
而事物总在发展和变化之中，
这就是“三”，
万事万物在变化中生生不息。

就像我们常见的太极图一样，
天地万物都蕴含着阴阳二气。

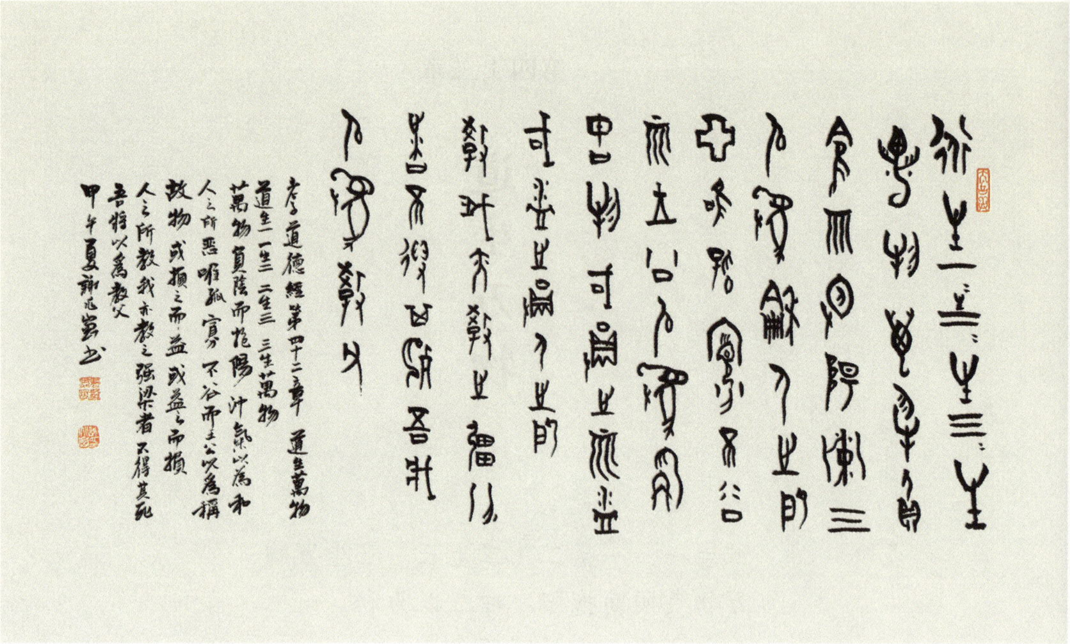

背负着“阴”而又怀抱着“阳”，
阴阳激荡，造就了和谐的天地！

人们都厌恶孤、寡等不祥的话题，
而王公们则用它们来称呼自己。
这说明世间的事物总是相辅相成，
表面的祸福蕴藏着变化的伏笔：
遭受损失的时候，也许是获益的开始；
而在受益的同时，说不定损失也伴随一起。

前人说了很多的道理，
我也用他们的话来给予启迪：
为人处世不可以逞强霸道，
这样最终会害了自己。
我用它作为反面的教材，
请记住以柔克刚的深刻含义。

品读

“道生一，一生二，二生三，三生万物”集中地反映了老子朴素的唯物辩证法思想。大自然使一件事物产生，然后又产生出“二”，“二”就是指任何事物都有阴阳二性；阴阳相互作用达到调和，于是产生了“三”，“三”不是三件事物，而是泛指万事万物。阴阳是对立的，人生在世，不可过于逞强。逞强者，难以善终。

## 第四十三章

# 无为有益

**原文**

天下之至柔
驰骋天下之至坚
无有入无间
吾是以知无为之有益
不言之教
无为之益
天下希及之

**诗译**

普天之下，
那些最柔弱的东西，
为什么
却能在最坚硬的物体中
腾跃游移？
为什么，自然界中
那些无形之物，
能够穿透天地之间
没有间隙的物体？

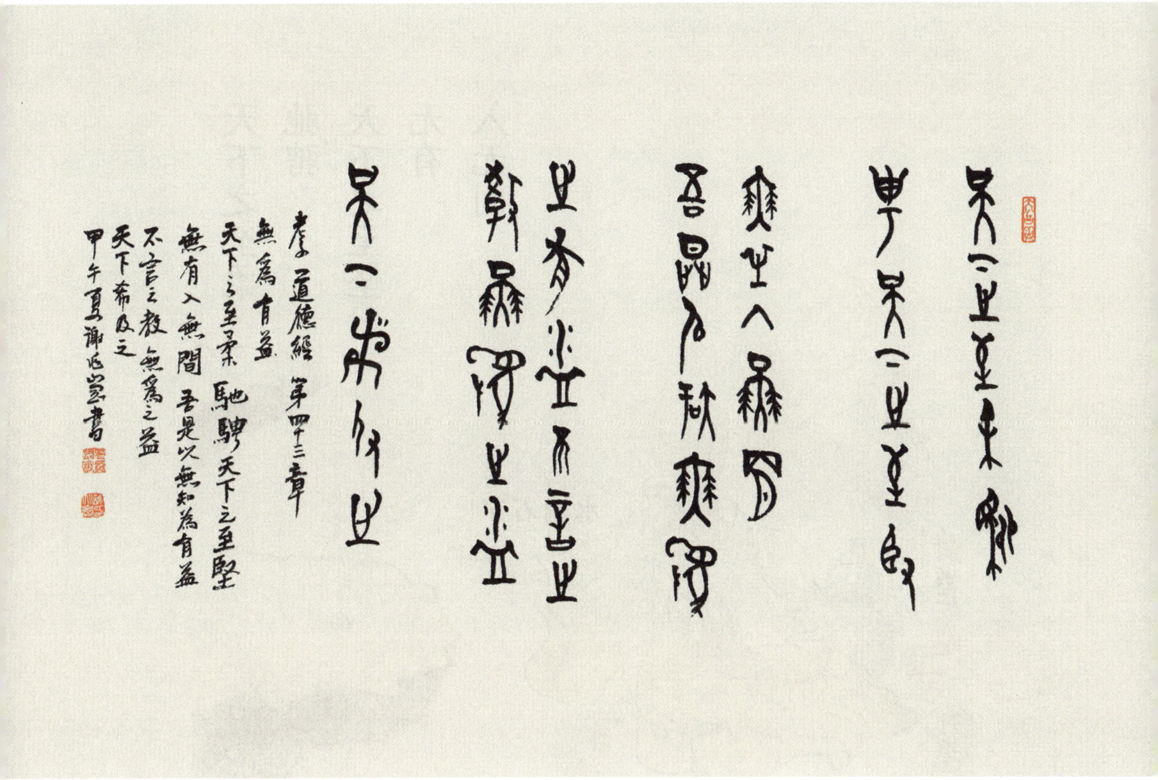


由此，
我们得到一个理念：
无为，
能使人终身受益。

可是，
无言的真理，
无为的妙处，
能知能懂的，
天下有几？

○○● 品读

这一章以水为比喻，阐明处柔守弱之道。柔弱是具有生命力的表现，实际上也是力量的象征。柔弱可以穿行于坚强之中，无形的力量可以穿透没有间隙的地方。这就是无为的益处。老子并不是一味地教人无所作为，也不是一味地柔弱和不争。他的意思是，柔可以克刚，不争是为了没人与你争。

## 第四十四章

# 生命之重

原文

名与身孰亲
身与货孰多
得与亡孰病
是故甚爱必大费
多藏必厚亡
知足不辱
知止不殆
可以长久

诗译

名位和生命相比，
哪一个更加亲密？
财富与生命相权，
哪一个更需珍惜？
得到名利与失去生命，
哪一个更有意义？

过多地看重名位，
必耗费超常的精力；
过度地收刮财富，
吐出时将变本加厉！

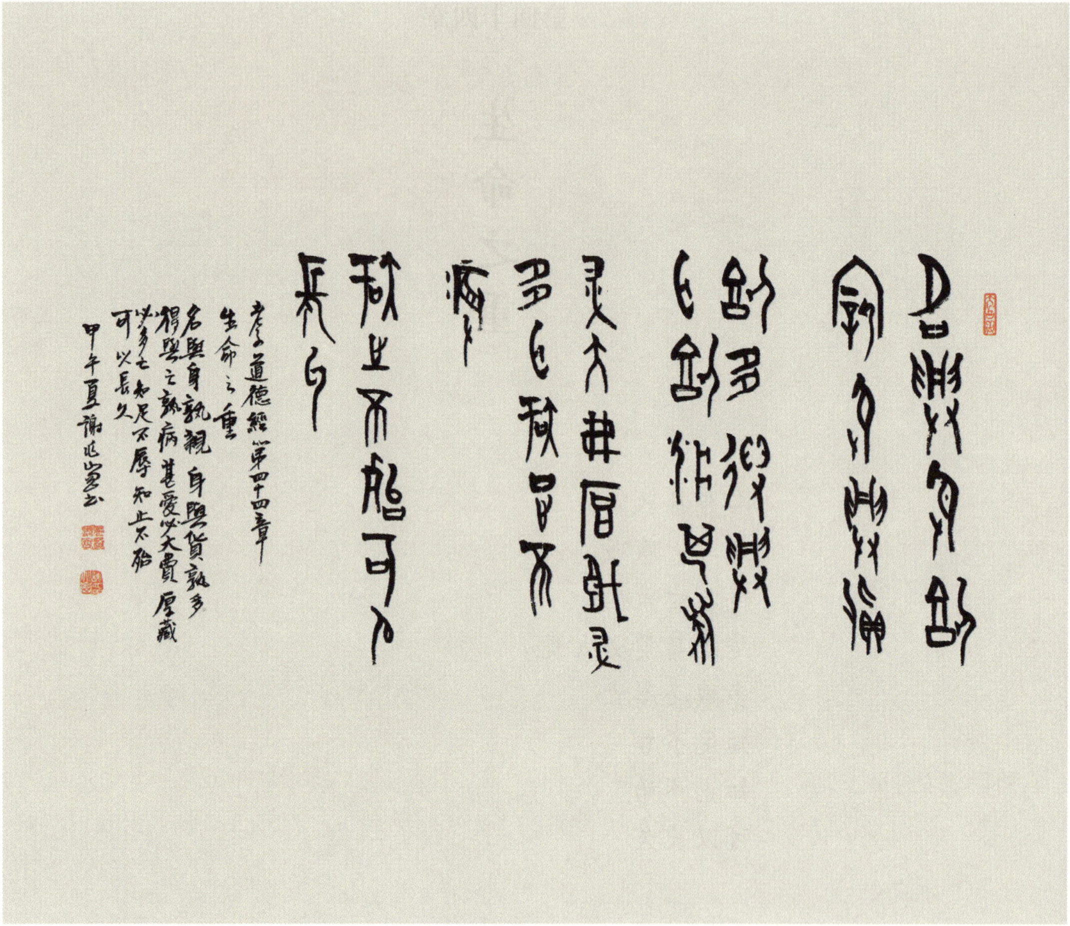

在名位上懂得满足的人，
便不会遭遇屈辱的境地，
在财富上懂得适度的人，
也不会害怕灾祸的侵袭。
适可而止，
知足常乐，
生命将因此寿比山齐！

○○●品读

这一章老子将名和利与生命相比。他说，你太重名了，必然要付出太多的精力；你太重利了，将来失去的也多。知足，才可以免受侮辱。适可而止，就不会有危险。只有“知足”“知止”，才能“不辱”“不殆”，生命才能长久，进而天下平安长久。

## 第四十五章

# 清静为正

原文

大成若缺　其用不弊
大盈若冲　其用不穷
大直若屈
大巧若拙
大辩若讷
躁胜寒　静胜热
清静为天下正

诗译

即便是天下最完美的东西，
看起来也总有残缺的痕迹。
其实真正的完美不在外表，
实践和应用才是永恒的真理。

煮茶的冲盅看起来虚空疏稀，
但它却是最充实满盈的物体。
倒入的水可以源源不断，
它的用处也就没有穷期。

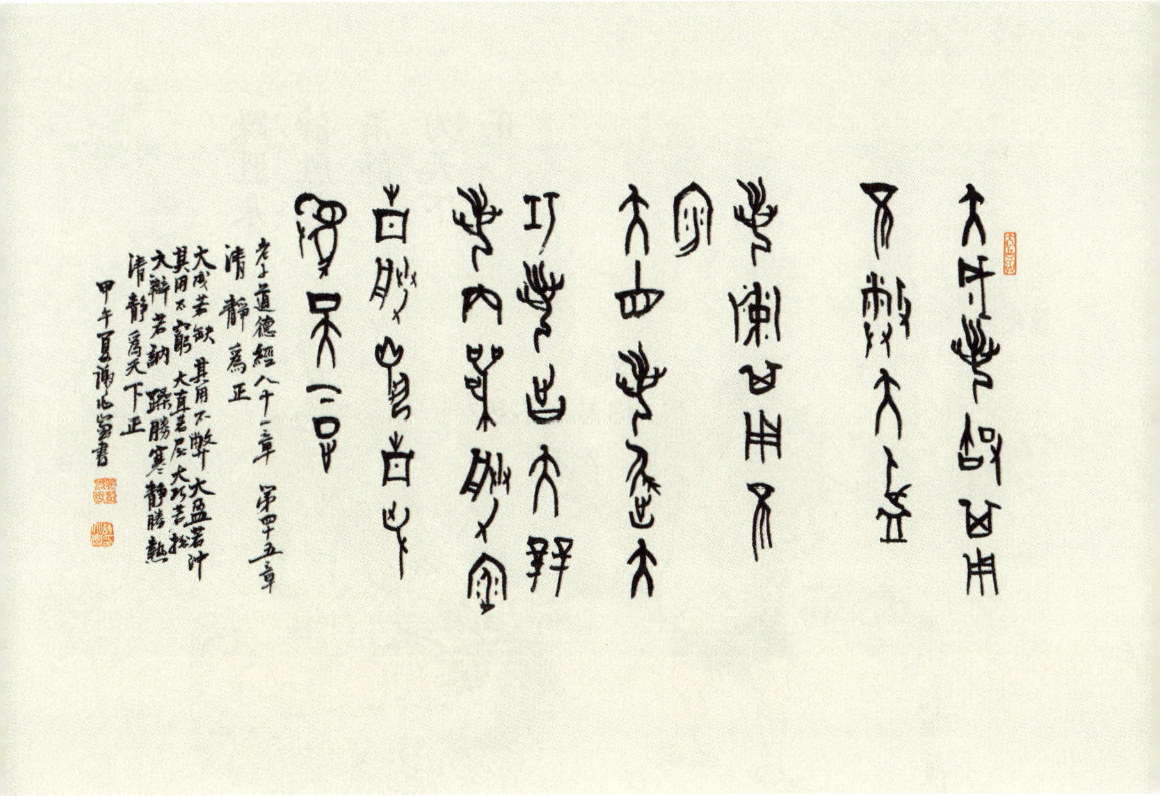

即使非常正直，
也有弯曲的时候，
就算特别灵巧，
有时也笨拙迷离。
那些口若悬河的善辩之士，
不过是将木讷和呆板深深藏起。

燥热可以驱除体内的寒气，
宁静又可将内心的燥热降低。
清心静气，和谐稳定，
才会有天下的太平和正义！

品读

这一章描述了事物相反相成，事物表现成实质的不一致性。凡事不必讲究太完美，完美的东西都有缺陷。直的东西看起来像是弯的，满的东西看起来像是空的，灵巧的东西看起来很笨拙，优秀的演说家有时甚至口吃。用冷静克服浮躁，用无为达到无不为，才能使天下大治。

# 第四十六章

## 知足恒足

原文

天下有道
却走马以粪
天下无道
戎马生于郊
祸莫大于不知足
咎莫大于欲得
故知足之足
常足矣

诗译

太平盛世，
没有战争的喧嚣，
马匹干农活，
粪便当肥料；
战乱频繁，
谈何生活的温饱？
母马上战场，
生子在荒郊。

最大的灾祸就在于不知满足，
战争和掠夺使得民生萧条；

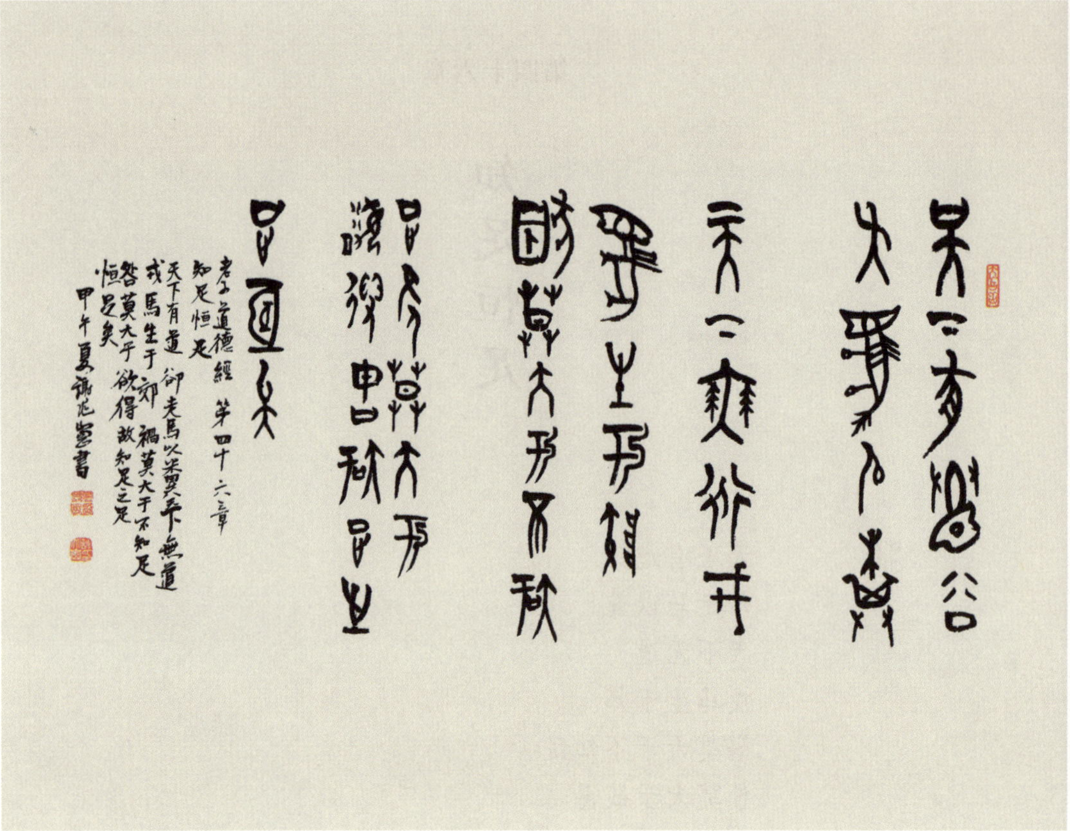


最大的错误是因为贪得无厌，
到头来王冠坠落，
国破城消。

治国，
要懂得满足之道；
做人，
须力戒欲极奢骄。
只有知足而止，
取舍有度，
生活才会永久地幸福美好！

品读

这一章老子表达了他强烈的反战思想，并认为战争的根源是统治者的“不知足”。当然，欲望和需求是人活着的本能，但如果不知足，将欲望当成奢望，就有可能招来灾难了。资源是有限的，也是人类共有的。每个人都需要节制自己的欲望和需求，知足就能恒足。

## 第四十七章

# 善知天下

**原文**

不出户　知天下
不阙牖　见天道
其出弥远　其知弥少
是以圣人　不行而知
不见而名　不为而成

**诗译**

足不出门户，已了然家国天下。
眼不望窗外，已知晓节气变化。
有的人不了解其中的道理，
只知道盲目地左冲右杀。
其实，他走得再远，
也不过是南辕北辙，耳聋眼瞎。

所以圣明的人不必远行，
也能把事物的规律分寸捏拿；
清醒的人不必仔细观看，
也能把天下的大势剖析洞察；
睿智的人不会妄自作为，
胜利的果实就好像成熟的瓜。

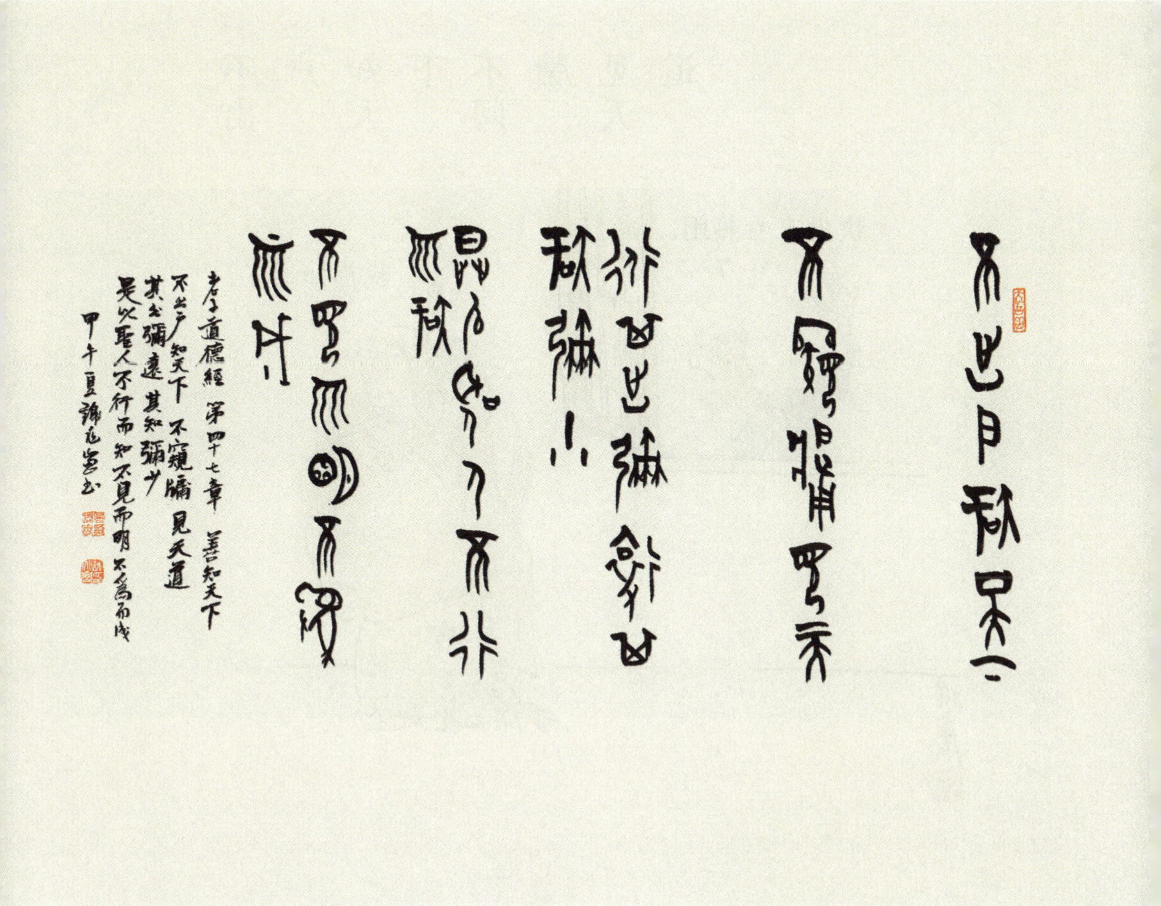
老子道德經 第四十七章 善知天下
不出户知天下 不窺牖見天道
其出彌遠 其知彌少
是以聖人不行而知 不見而明 不爲而成

○ 品
○ 读

老子认为，圣明的人不用出户，不用观察窗外，也不用跋山涉水，就可以知道外面的情况和变化。这里讲究的是自我修养，讲究的是对万事万物变化发展的规律已然胸有成竹。老子表达的仍是清静无为的思想，但是否认实践和感性认识的作用，也是不科学的。

# 第四十八章

## 无为之妙

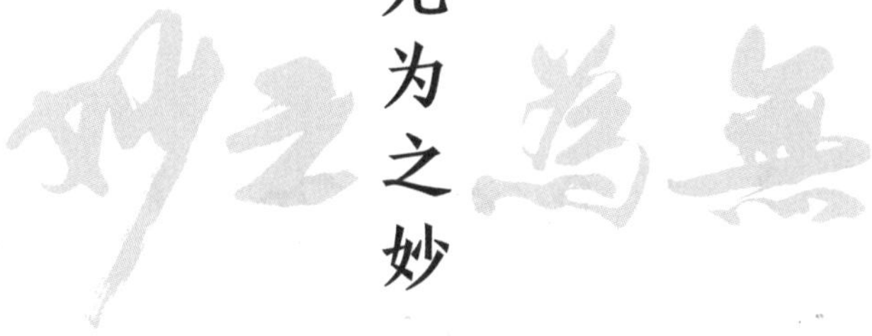


原文

为学日益　为道日损
损之又损　以至于无为
无为而无不为
取天下　常以无事
及其有事
不足以取天下

诗译

为学，并不是越多越好，
那些八股文章会把人害了。
为道，则要越少越好，
让复杂的事情简单明了。
让它简之又简，达到无为之妙。

无为，方能无所不为。
循自然而行，与天地同道！

夺取天下，以无为的观点最好。
不妄作为的人，能使它江山永葆。
一旦横生事端，江山换了旗号。

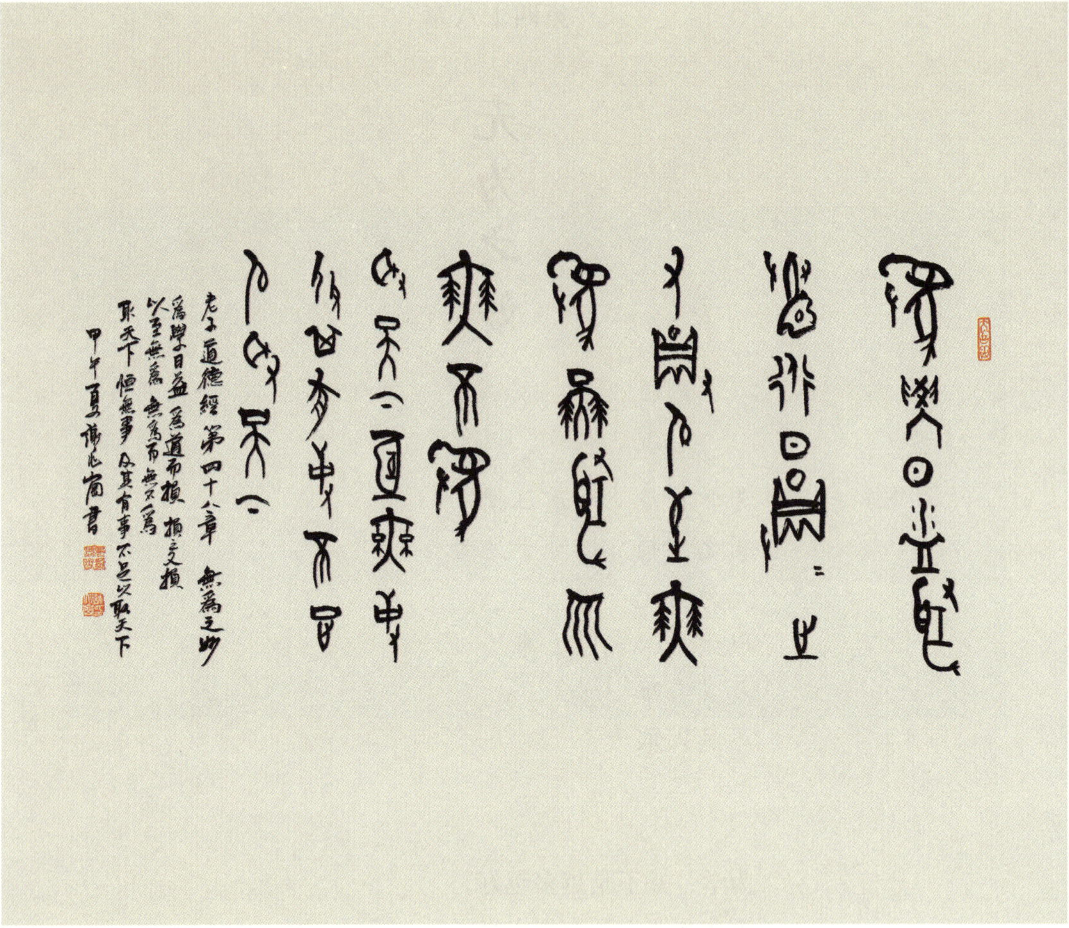
老子道德經第四十八章 無爲之妙
爲學日益 爲道日損 損之又損
以至無爲 無爲而無不爲
取天下恆無事 及其有事 不足以取天下
甲午夏

品读

老子在这一章中首先点明了“为学”和“为道”的不同。老子鄙视“为学”，认为学得越多，情欲文饰会越多。老子赞颂“为道”，认为探求无为之道越明，情欲文饰就会越少。欲望少，少到无为的境界最好，无为，则能无不为。取天下，治理天下，最好的办法是少作为，更不能妄作为。苛政扰民，天下就不会太平。

## 第四十九章

# 心系百姓

原文

圣人常无心
以百姓心为心
善者　吾善之
不善者　吾亦善之
德善
信者　吾信之
不信者　吾亦信之
德信
圣人在天下　歙歙
为天下浑其心
圣人皆孩之

诗译

圣明的君主没有杂念私心，
百姓的心愿就是他的心情。
善良的人要善待于他，
不善之人也要待以善行。
因为善意的言语和行动，
可以净化他不善的心灵。
诚信的人应该以诚相待，
不诚信的人也不要漠不关心。

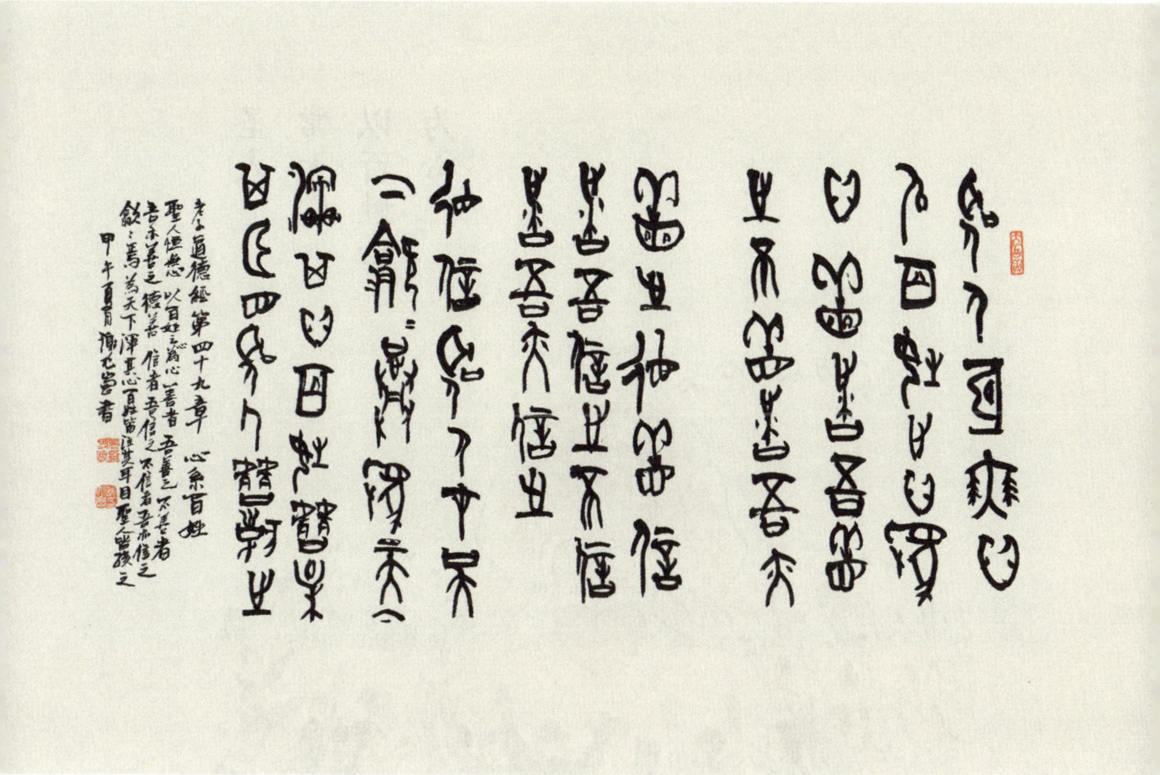

始终以诚恳的态度对他，
也许能感化他失信的德行。

圣明的君主治理天下，
应该诚惶诚恐，尽力尽心。
时刻想着国家的利益，
心里装着天下和人民。
他们才会关注着你的心愿，
倾听着你的声音。
把人民的事情当成天职和使命，
要像父母对孩子那样，
爱护、关心。

○ 品
○ 读
●

这一章集中表现了老子的亲民爱民思想，统治者首先要没私心，以人民的利益为己任。他善待品德高尚的人，也善待道德缺失的人；既善待讲诚信的人，也善待不讲诚信的人。目的是为了营造共同善良共同诚信的环境。只有不带私心偏见，大家才会对他心服口服。

## 第五十章

# 出生入死

原文

出生入死
生之徒　十有三
死之徒　十有三
人之生　动之死地　亦十有三
夫何故　以其生生之厚
盖闻善摄生者　陆行不遇兕虎
入军不被甲兵　兕无所投其角
虎无所措其爪　兵无所容其刃
夫何故　以其无死地

诗译

以超凡脱俗的心态看待人生，
生活才会真正的快乐轻松。
以争名夺利的俗念对待生活，
到头来终不过人去财空。

细看茫茫人世，
纵观滚滚红尘，
长寿的人不过十分之三，
中途夭折的占了三分。
还有三成奔波劳累的，

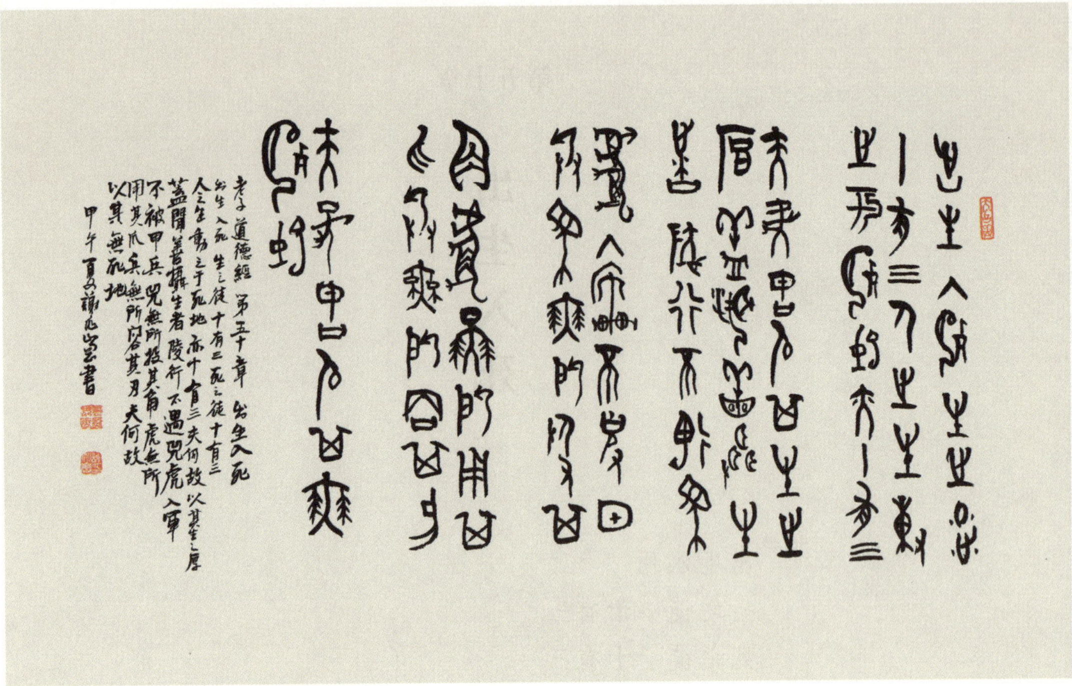


生命也早早地交给了死神。
这是什么缘故呢？
因为他们身上的压力重重。

你们听说过这样的事吗？
有一种善于把握命运的人，
入深山他不避犀牛虎豹，
上战场他不用铠甲防身。
犀牛无法用利角攻击，
虎豹的爪子也不够威风。
战场上那刀刃虽然锋利，
却没有半点的破绽可寻。
难道他有什么仙方妙术？
不，因为他能把握机遇，
往往绝处逢生。

○ 品
○ 读
● 

本章老子在讲生死观，是老子人生哲学的一种表现，实际上是用夸张的手法来表达“无欲”与“不争”。老子主张不要靠战争来保护自己的生命；主张不要以奢侈的生活方式来使自己长寿，要清静无为，遵守自然的规律。只要不妄为，不伤害别人，那么别人也就不会伤害你。

## 第五十一章

# 道尊德贵

原文

道生之　德畜之
物形之　势成之
是以万物莫不尊道而贵德
道之尊　德之贵
夫莫之命而常自然
故道生之　德畜之
长之育之
亭之毒之
养之覆之
生而不有　为而不恃
长而不宰　是谓玄德

诗译

天下的事物无论大小，
莫不是由道来生成缔造。
然后才有了人们所说的德，
德的作用是把道来护好养好。
有生有养，
便构成了基本的形态，
事物的发展靠因势利导。
因此万事万物都尊道而贵德，

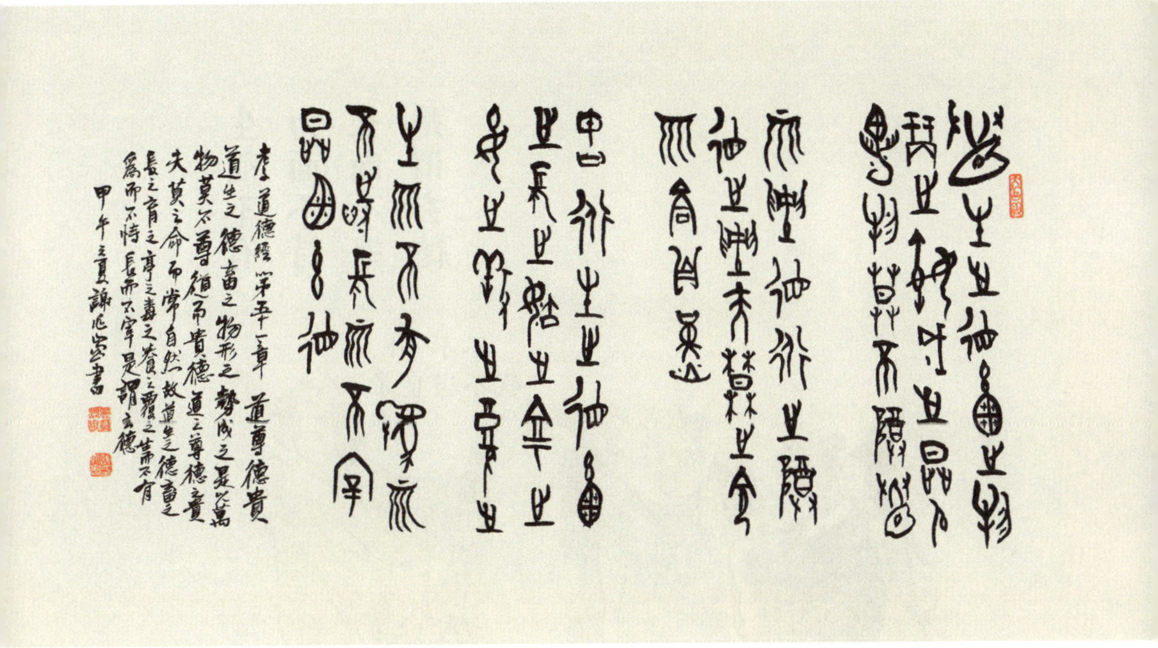

看重的是德的价值，
道的崇高。

道之所以尊贵崇高，
德之所以地位重要，
而且强制和逼迫也并不需要，
它们的力量是自然的功劳。

道生德养，
万物的生长茁壮丰饶。
精心呵护，
使雨水充裕，让阳光普照。
道生育了万物并不占为己有，
德辛苦劳累也不自恃功高。
它们成就了事业而不充当主宰，
这就是道德的深厚玄妙。

这一章比较集中地表达了老子的道德观。什么是道与德？道产生万物，德养育万物。那么最好的德是什么呢？是玄德。玄德的标准又是什么呢？是“生而不有，为而不恃，长而不宰”。努力工作，不为私利；取得成绩，不争功劳，不把自己当作无事不能的主宰。

## 第五十二章

# 见小守柔

原文

天下有始　以为天下母
既得其母　以知其子
既知其子　复守其母
没身不殆
塞其兑　闭其门　终身不勤
开其兑　济其事　终身不救
见小曰明　守柔曰强
用其光　复归其明
无遗身殃　是为习常

诗译

天地一旦形成，便成为万物之母。
知道了这个根源，也就知道了
这个世界的起源之说。
如同大地的孩子一样，万物的生长
离不开母亲的护呵。
认识世界，坚守本源，
此生就会在平安中度过。

堵塞住窥探是非的孔隙吧，
把贪心嗜欲的门关着。

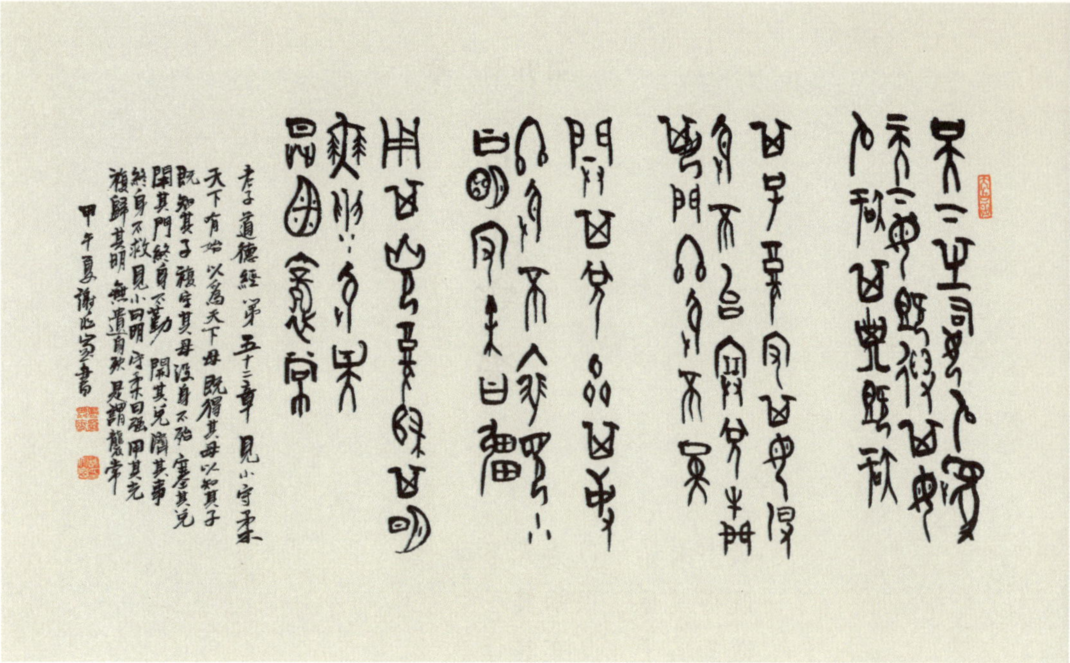

哪怕此生平平淡淡　轻轻松松，
至少没有闹心的事烦我。
一旦打开了口舌纷争的门窗，
操心着繁杂的名争利夺；
就如同一场劳心劳力的病，
天下没有药把你救活。

体察到细微的事理变化，
才知道真正的明白是什么。
坚守住柔弱的事物本性，
才会有威武雄壮的　铁马金戈。
高举起这灿烂的　智慧之光吧，
唱一首回归自然的歌！
它们是逢凶化吉的
灵丹妙药，它们是永恒不绝的
伟大学说！

品读

老子在这里认为，要认识天下事物及其规律，必须排除私欲杂念和个人偏见的困扰。观察细微，坚守柔弱，这样才能明白事理，才能变弱为强。一个人的心如果被关在了狭小的天地里，如井底之蛙，目光短浅，就不能了解广阔的世界，不能看清事物的本质。

## 第五十三章

# 盗夸非道

原文

使我介然有知
行于大道
唯施是畏
大道甚夷
而民好径

朝甚除　田甚芜　仓甚虚
服文彩　带利剑
厌饮食　财货有余
是谓盗夸
非道也哉

诗译

如果我们稍有知识、头脑清醒，
就应该按照自然的规律而行。
最怕的是那些胡作非为的人，
总做些匪夷所思的事情。
眼前的大道宽敞而平坦，
有些人他总是想另辟蹊径。

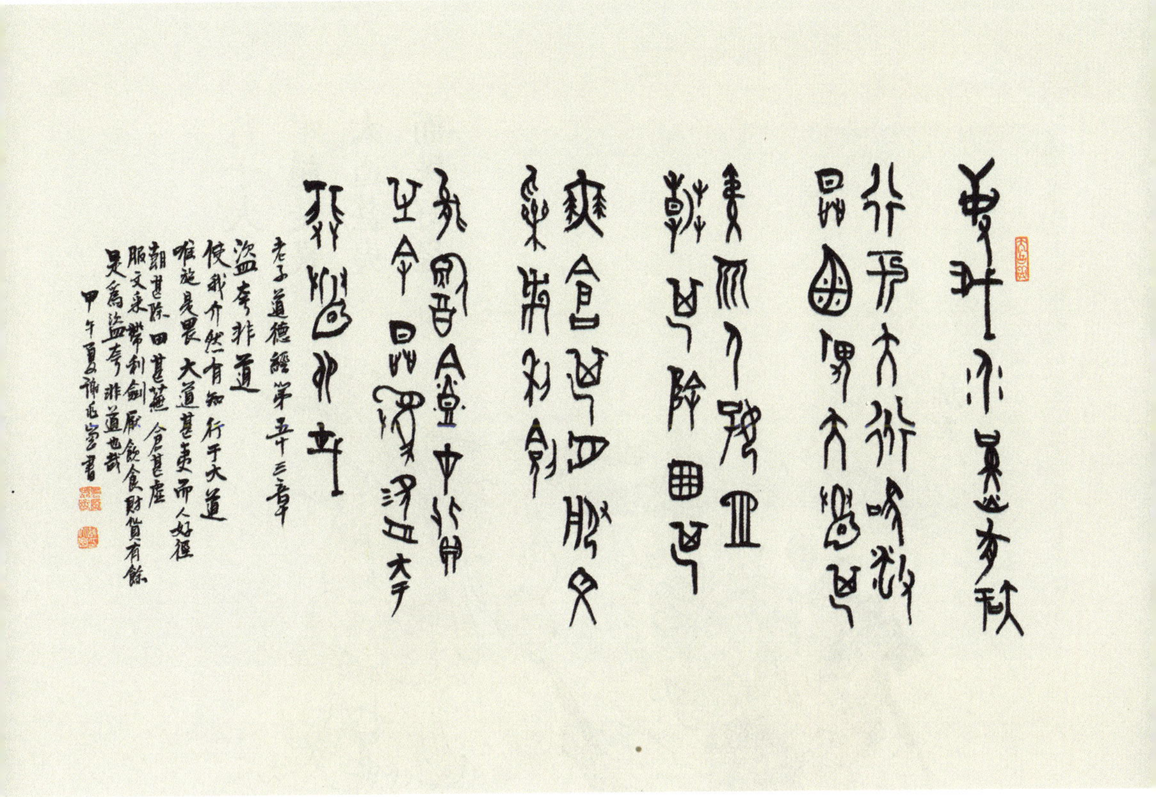


朝廷上议论的事情很多，
却没有一条可以真正施行。
荒芜的田野无人耕种，
偌大的仓库都是空庭。
官员们穿着华丽的衣裳，
佩着宝剑在街上晃荡穿行。
美味佳肴食之不尽，
奢靡无度非金即银。
这是十足的强盗头子啊，
绝不是习道之人该做的事情！

品读

老子在这里表达了对当时社会的强烈不满，他斥责贪腐奢靡的帝王和官员们对百姓横征暴敛。住着华丽的宫殿，但是民田却荒芜了。他们穿华服，带长剑，吃饱喝足，财富有余。这样的人实际上就是强盗头子。放着好好的大道不走，非走歪门邪道。他们的行径是有道之人所不耻的。

第五十四章

# 以身观身

**原文**

善建者不拔　善抱者不脱
子孙以祭祀不辍
修之于身　其德乃真
修之于家　其德乃余
修之于乡　其德乃長
修之于国　其德乃丰
修之于天下　其德乃普
故以身观身　以家观家
以乡观乡　以国观国　以天下观天下
吾何以知天下然哉　以此

**诗译**

有功劳的人不能不受制约，
被拥戴的人不能过于超脱。
如果能坚守这样的行为规范，
何愁没有子孙的祭祀人们的赞歌。

道德的修养对于个人而言，
是坚贞不渝的人性的浸磨；
道德的修养对于家庭而言，
是家有盈余，而不是奢侈的生活；

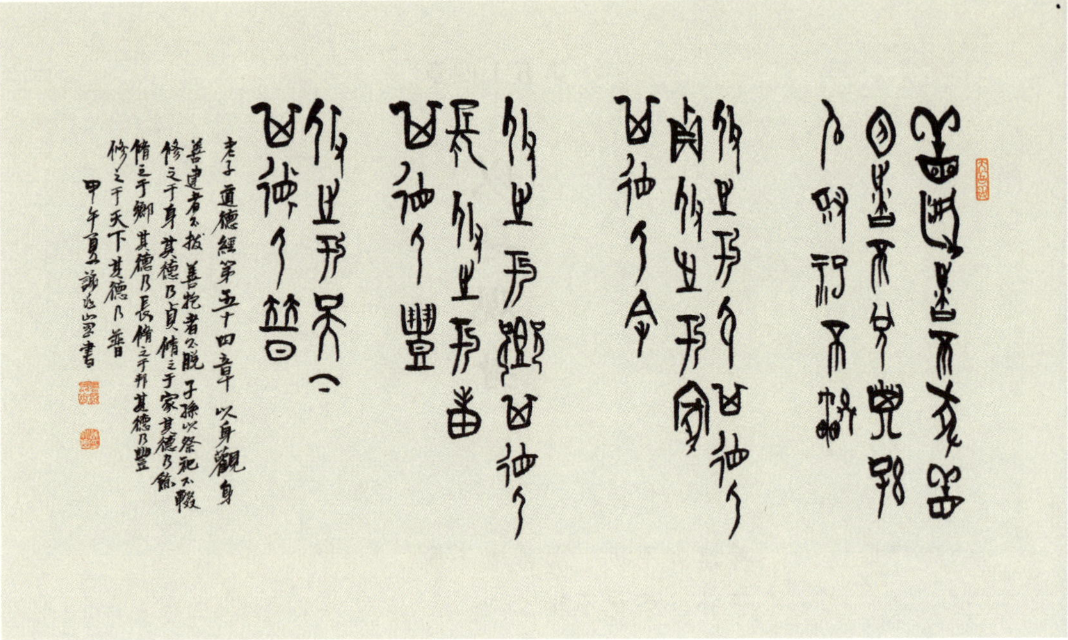


道德的修养对于乡邻之间，
是真诚友爱和长久的护呵；
道德的修养对于国家而言，
体现的是富裕强盛、民心融和；
道德的修养对于天下的治理，
是行之有效的普世学说。
所以为人处事要将心比心，
要清楚自己的言行是为了什么？
把自己的家庭对照其他的家庭，
是否生活奢侈，是否亲密和睦？
把他乡和本乡来比较，
把他国与本国相观摩。
以天下的观点来观察天下，
以道德的标准来治理家国。
我为什么能够知道天下的事呢？
是因为掌握了这些基本学说。

品读

这一段话与儒家的“修身、齐家、治国、平天下”的意思差不多。于国于家的有功之人是不会被人们忘记的，但他们自己也不必太矜持。老子认为，修身是一个人的安身之所，立命之本，应该用良好的品德来修身、齐家、治理乡村、管理国家，这样，才能养成良好的社会风尚。

## 第五十五章

# 德比赤子

原文

含德之厚　比于赤子
毒虿虺蛇不螫　猛兽不据　攫鸟不搏
骨弱筋柔而握固　未知牝牡之合而全作
精之至也　终日号而不嗄　和之至也

知和曰常　知常曰明
益生曰祥　心使气曰强
物壮则老　谓之不道　不道早已

诗译

深厚的德是人生境界的升华，
就像赤裸的婴儿天真无邪。
他不闻不问，无心无欲，
是花园里含苞待放的花。

蜂虫毒蛇不会把他咬伤，
凶鸟猛兽也不加害于他。
他的筋柔骨弱，身娇体嫩，
那紧握的小拳却坚固不拔。

他不知男女交合的快乐，

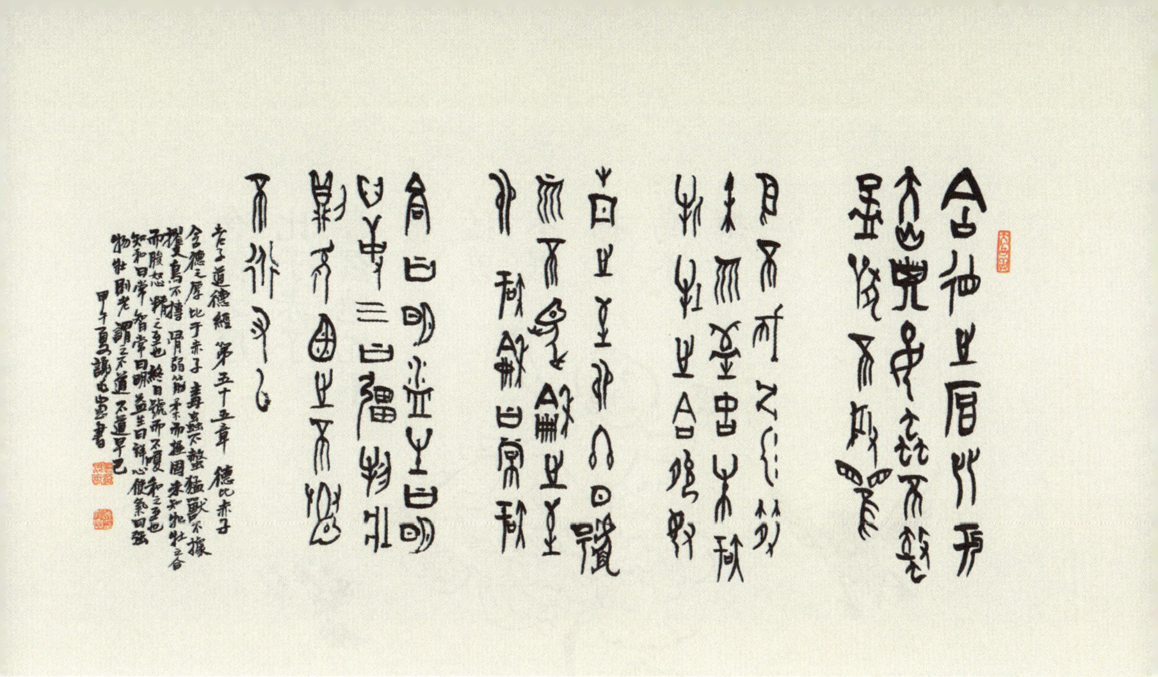

小小的生殖器却常常怒而勃发。
这是因为他精血充足啊，
蓬勃的生命力使他灿如朝霞。

你看他整日响亮地啼哭，
那嗓子却从来不沙不哑。
这是他元气醇和的表现，
是他与这世界沟通的方法。

所以柔弱温顺才是长久的道理，
明白这个道理才是高明的玩家。
保持生机与活力就有安详的日子，
调养身心与血气才能真正的强大。

为什么强盛的事物容易衰竭？
因为它违背了道的自然之法。
看看那些过早衰败的王侯将相吧，
违背自然规律，哪来的富贵荣华？

品读

刚刚出生的婴儿看似非常柔弱，可他的双拳握得紧紧的，小小生殖器挺得很高。他大声地哭着，但并不是忧虑。毒虫猛兽都不伤害他，因为他元气充沛，因为他无欲（除了吃奶，没有别的欲望）。守大道的人要像婴儿一样抱元守一。这就是所谓“含德之厚，比于赤子”。

第五十六章

# 知者不言

原文

知者不言　言者不知
塞其兑　闭其门
挫其锐　解其分
和其光　同其尘
是谓玄同

故不可得而亲　不可得而疏
不可得而利　不可得而害
不可得而贵　不可得而贱
故为天下贵

诗译

智慧的人总是言语不多，
无知的人往往信口开河。
堵塞住窥探事非的孔吧，
把纵情声色的门关着。

不让你的刀流露出锋利的刃，
看淡生活中的你争我夺。
使你的光焰不那么耀眼，

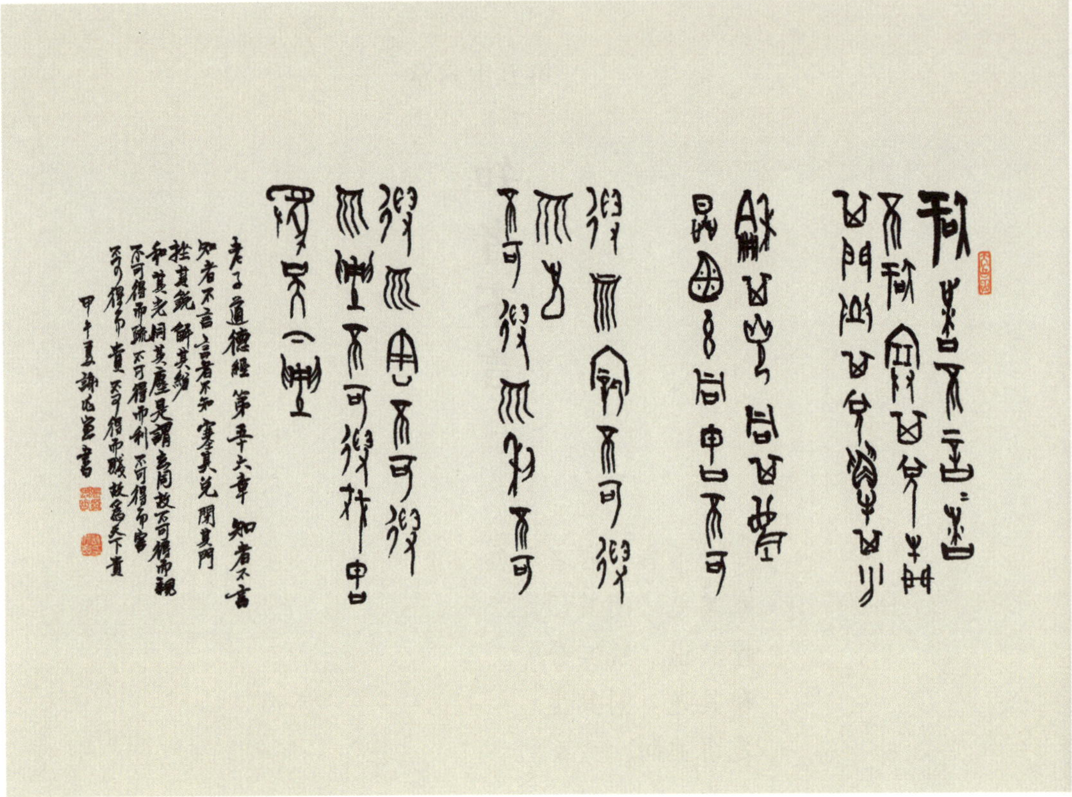

使你的言行得体而沉着。
茫茫人海中
你只是普通的一员……
这些都是修身悟道的玄妙之说。

不用“得失”来衡量亲近疏远，
不让“得失”显示出利害厚薄，
不因“得失”分不清贵贱轻重，
超越得失，
才是真正的尊贵，
人性的楷模。

品读

在这一章里老子是在讲述智者的修身养性的方法及其效果。老子要求人们排除私欲，加强自我修养，不露锋芒，超脱纷争，调和光彩，同化俗尘。不可因利益分亲疏，分贵贱。用广阔的胸怀，平和的心态，对待一切人和事。这样的人，才是天下最尊贵的。知者，智也。夸夸其谈并不是智慧之人。

## 第五十七章

# 以正治邦

原文

以正治国　以奇用兵
以无事取天下
吾何以知其然哉　以此
天下多忌讳　而民弥贫
民多利器　国家滋昏
人多伎巧　奇物滋起
法令滋彰　盗贼多有
故圣人云
我无为而民自化
我好静而民自正
我无事而民自富
我无欲而民自朴

诗译

以正而不以奇来治理国家，
以奇而不以正去布阵厮杀。
但如果要安定江山取天下，
就应该用无为而治的办法。
我怎么会知道这其中的道理呢？
以下这些事便是最好的回答：

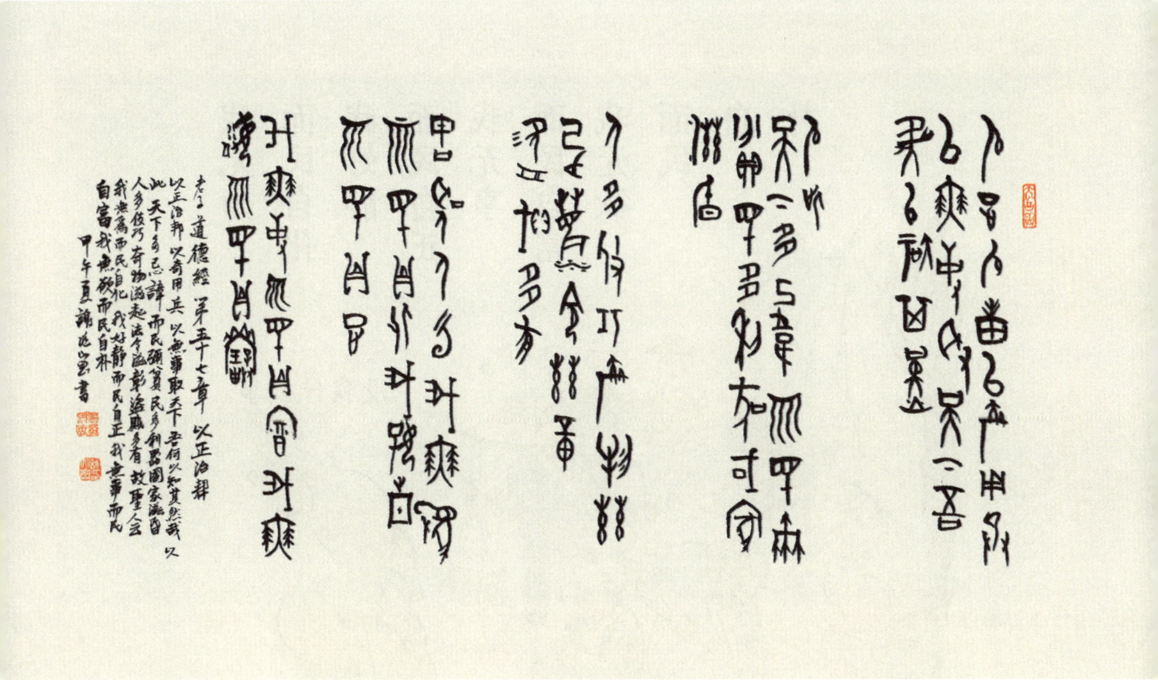

统治者制定的条条框框太多，
人们无所适从，生活又怎能不差？
如果大家都本领高强而你争我斗，
国家又怎能不混乱崩塌？
如果大家都能言善辩而勾心斗角，
那难免到处是邪恶，怪事多如麻。
纵然有法令千条，官员遍地，
又怎禁得盗贼四起，烽火交加？

如此说来，岂不是天下大乱了？
不，圣明的人自有办法。
我无为而治，让民众们自我教化；
我心静气正，让老百姓乐业安家；
我少加干涉，让大家走致富之路；
我清心寡欲，人民自然也朴实无华。

品读

在这一章里，老子集中宣扬了他的“无为而治”的政治主张，如何治国安邦？如何行军打仗？天下如何太平？无非“正”“奇”“无为”四个字。你政出多门，人们就无所适从；大家都有武器，社会就不安定；你勾心斗角，邪恶的事就会层出不穷；法制不健全，盗贼就多。无为、无事、无欲，则国家安定，风气淳朴。

## 第五十八章

# 福兮祸兮

原文

其政闷闷　其民淳淳
其政察察　其民缺缺
祸兮　福之所倚
福兮　祸之所伏
孰知其极　其无正
正复为奇　善复为妖
人之迷　其日固久
是以圣人方而不割
廉而不刿　直而不肆
光而不耀

诗译

如果政治简洁，政令宽松，
人民就能安居乐业，
有淳朴之风。
如果政令繁多，政治严酷，
人们怎不投机取巧，
见缝插针？

你知道灾祸在哪吗？
灾祸是幸福的孪生弟兄；

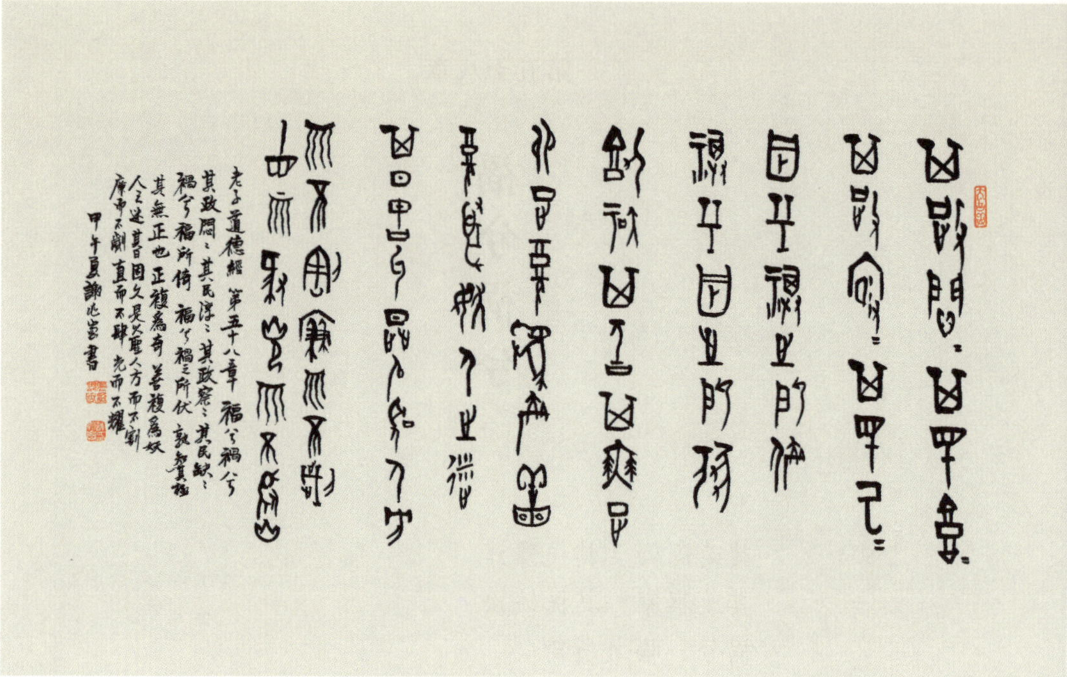

你知道幸福在哪吗？
幸福就躲藏在灾祸之中。
谁能知道它们的极限？
谁又能掌握它们的准绳？
当你还沉浸在喜悦中的时候，
正义的事业却成了邪恶的化身；
当你为良善的举动感慨之时，
救苦救难的菩萨已成了凶神。
人生的迷惘，人性的迷失啊，
是长久以来辨不清方向的风！

圣明的人讲原则而不生硬；
威严锐利却绝不轻易伤人。
他性格正直，坦率而不放肆，
像蜡烛虽不耀眼但光线融融。

○ 品
○ 读
●

祸兮福所倚，福兮祸所伏，是老子辩证法的精确表达。执政宽松时，民风就纯朴；执政越严厉，人民越投机取巧。灾祸来的时候，其实幸福也不远了；你感觉幸福的时候，也许灾祸已潜伏其中。真正的智者讲原则但不生硬，严厉而不伤人；直率而不放肆，光亮而不炫耀。

## 第五十九章

# 根深蒂固

原文

治人事天　莫若啬
夫唯啬　是谓早服
早服谓之重积德
重积德则无不克
无不克则莫知其极
莫知其极　可以有国
有国之母　可以长久
是谓深根固柢
长生久视之道

诗译

治理国家，
顺应天意，
有什么诀窍吗？
有，施政吝啬是最好的办法。
只有少发号令，
小心谨慎地治国，
才能让百姓从心里听你的话。

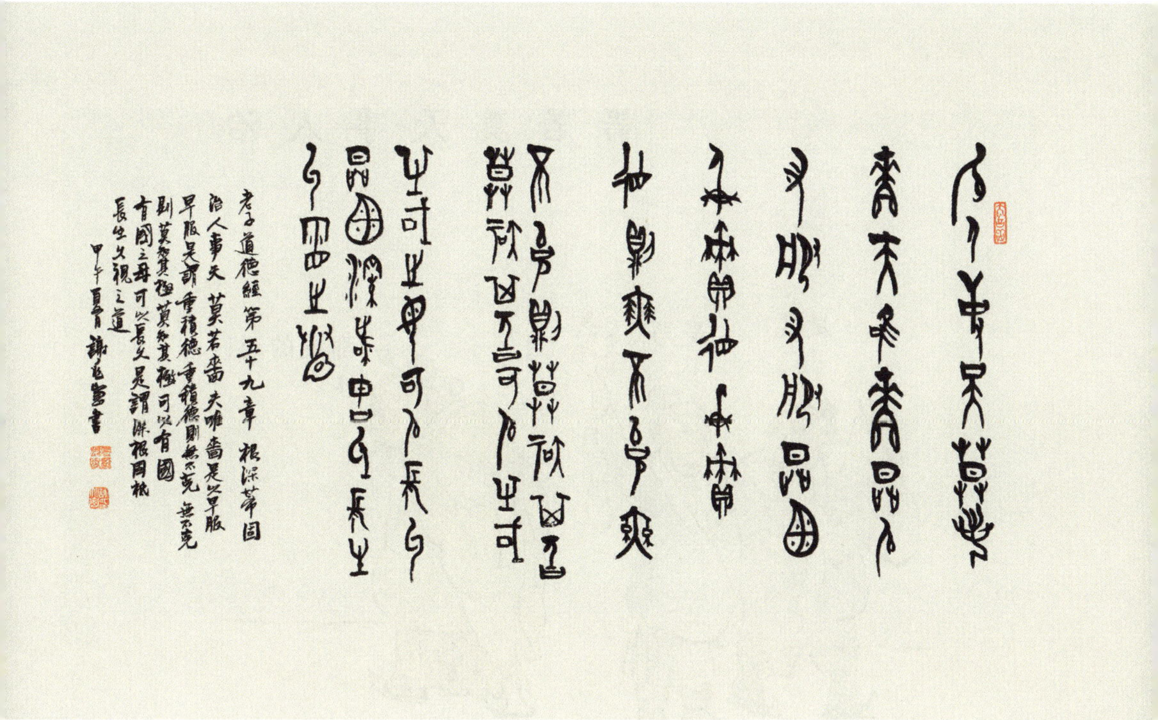


人们相信那些施行德政的人，
也只有施行德政才能无敌天下，
才拥有无穷的力量和智慧，
才可以把握天下，
掌握国家。

拥有了这些治国的根本方法，
就能做到长治久安、
兴旺发达。
这就是所谓根深蒂固的道理，
这也是人们景仰的千秋佳话。

○
○ 品
● 读

老子在这里提出了“吝啬”的重要概念，认为吝啬是治国养生的一种原则和方法。有道者的吝啬，不是指金钱财产，而是精神上要厚积薄发，事业上要无为，生活上要寡欲。通过吝啬，来积累德。有了德，也就接近了道。有了道，就能掌握事物的规律。治人事天就能得心应手，国家也能长治久安，根深蒂固。

## 第六十章

# 治国烹鲜

**原文**

治大国
若烹小鲜
以道莅天下
其鬼不神
非其鬼不神
其神不伤人
非其神不伤人
圣人亦不伤人
夫两不相伤
故德交归焉

**诗译**

治国像煎鱼一样要少折腾，
翻来覆去的结果是肉碎皮分。
就像那些朝令夕改的政治，
人民不堪其扰，
国家离析分崩。

以自然之道来观察天下，
那些妖魔鬼怪其实并不吓人。
并不是说鬼神没什么本领，

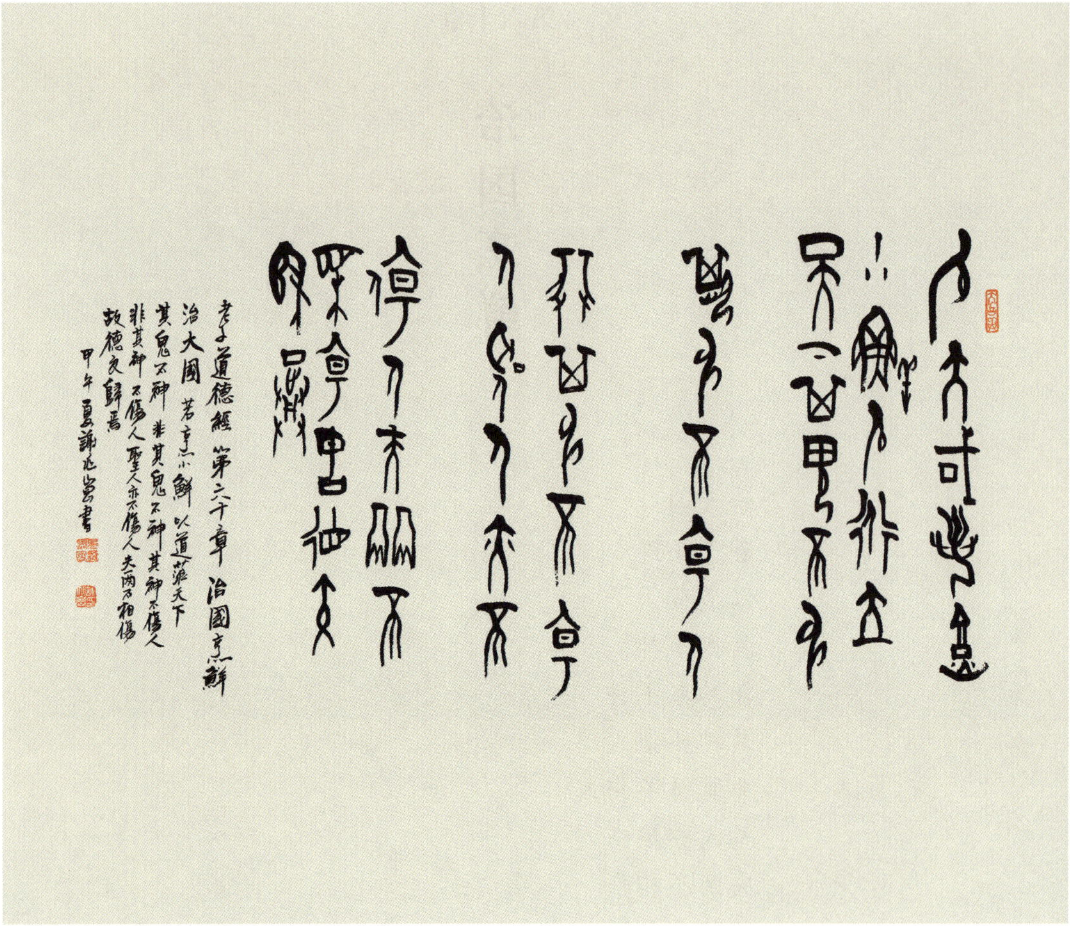

它本领再大也不至于伤人。
并不是鬼神不伤人害命，
是因为圣明之君施政为仁。

如果君主能施仁政，
少折腾，
那鬼神也不会作怪兴风。
人民享有平安宁静的生活，
德和道便能一统归真。

# 治大国若烹小鲜

品读

治大国，好比煎小鱼。老子用这一形象的比喻来表达自己的治国主张。老子对那些朝令夕改的政策，对那些瞎折腾的统治者见得太多了。他们就像不会煎鱼的厨师，不停地在锅里翻动。他们不是发动战争，就是胡乱建设。使人民不堪奇苦，国家支离破碎。以道治天下，清静无为，人、鬼、神才会互不相伤。

## 第六十一章

# 各得其所

原文

大国者下流　天下之交
天下之牝也
牝常以静胜牡　以静为下
故大国以下小国　则取小国
小国以下大国　则取大国
故或下以取　或下而取
大国不过欲兼畜人
小国不过欲入事人
夫两者各得其所欲
大者宜为下

诗译

大国应有甘处江河下游的态度，
以母性般的柔和与他国相处。
与天下的朋友交流融会，
海纳百川，虚怀若谷。
雌性能胜过刚强躁动的雄性，
就是因为柔静谦下的缘故。

大国若能对小国谦下有礼，
便能取信于他，

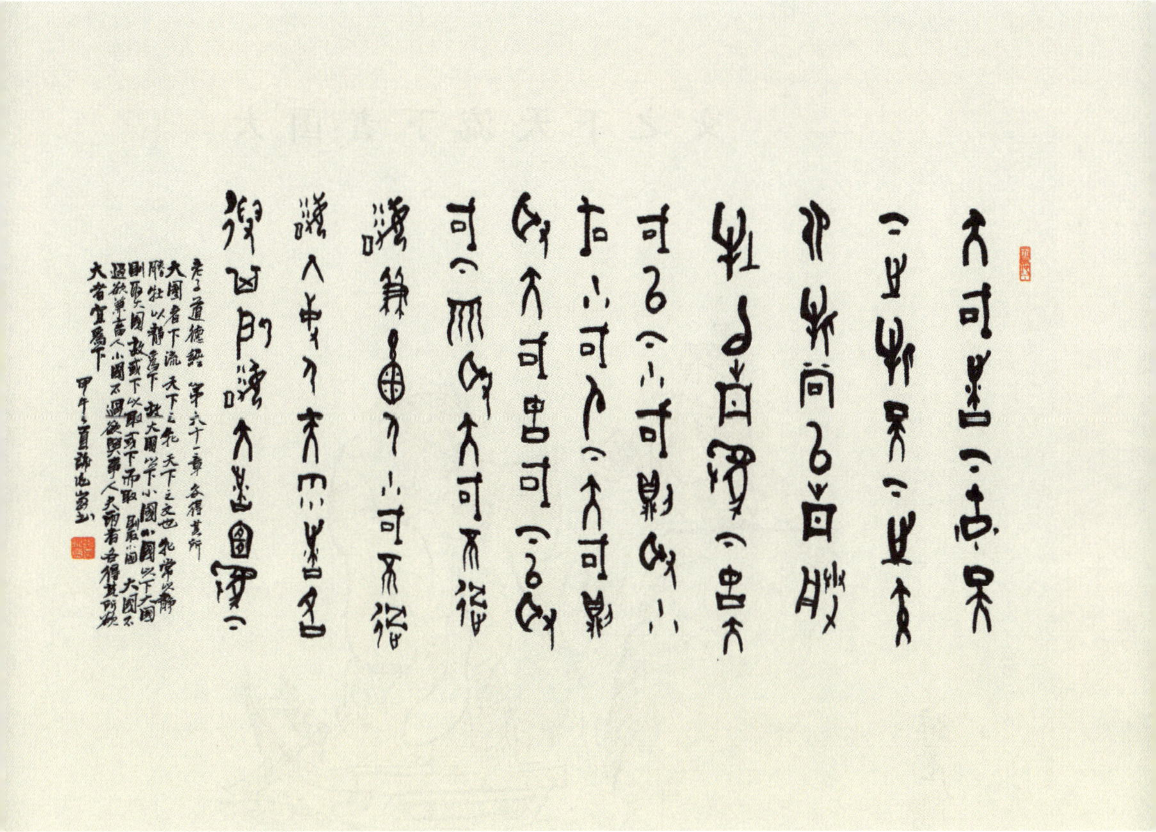

使其甘心归服。
小国若能对大国恭谦有礼，
也可获得好感而和平共处。

无论是处下以求小国的信任，
还是恭谦以求大国的平等相顾；
大国不过是希望扩充地盘，
小国无非想获得依靠帮助。
双方虽各有所需，
都希望各得其所，
但大国更应该
有谦下为怀的态度。

品读

这一章，老子用形象而深刻的比喻，论述了如何妥善处理大国与小国的关系，老子主张以静为下，所谓“下”，就是恭谦，就是礼让。雌性动物常常用恭谦柔弱胜过暴躁强劲的雄性动物，就是很好的例子。国家也是这样，大国与小国之间，只有相互恭谦礼让，才能各得其所，相安无事。大国对待小国，更应该恭谦礼让，以下为宜。

## 第六十二章

# 道不弃人

原文

道者　万物之奥
善人之宝　不善人之所保
美言可以市　尊行可以加人
人之不善　何弃之有
故立天子　置三公
虽有拱璧以先驷马
不如坐进此道
古之所以贵此道者何
不曰　以求得　有罪以免邪
故为天下贵

诗译

道的作用无所不包，
它集中了万事万物的无穷奥妙。
它既是善良之人的宝贵财富，
也是不善之辈的求生法宝。

美好的言语能换来人们的尊重，
尊此行为可赢得朋友的微笑。
即便是有缺陷、有过错的人，
也不要把他们弃之于道。

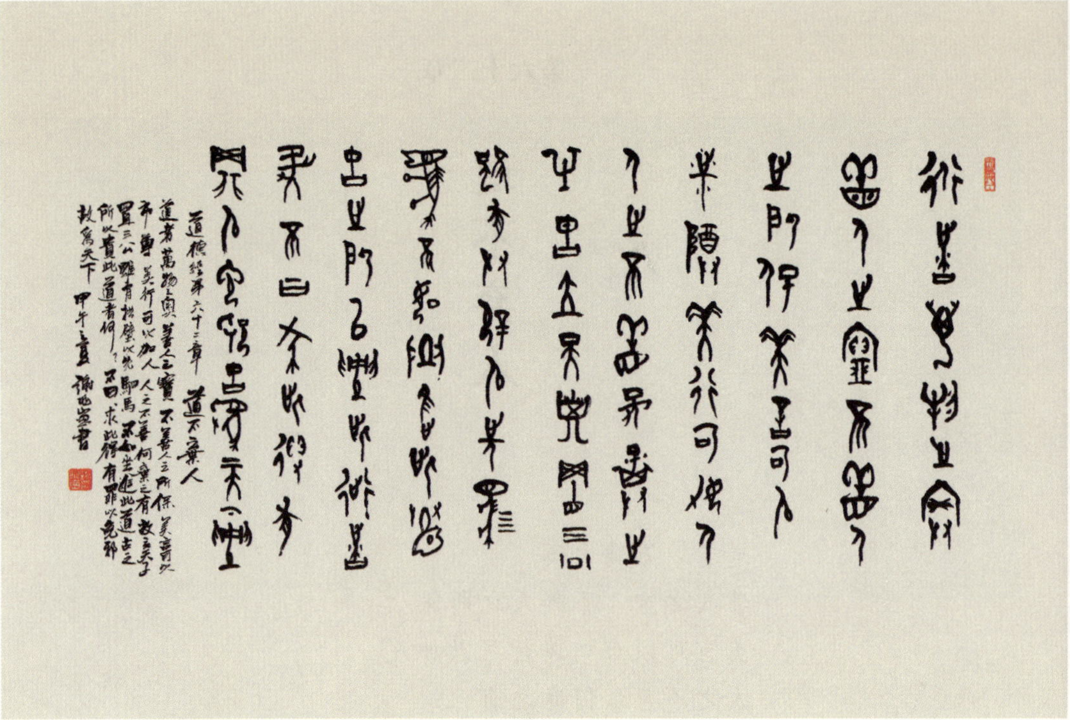


善与恶原没有固定的标准，
谨言慎行可换来地位的升高。
于是便有了天子的九五之尊，
有了王公贵族们的身份显要。

尽管天子的拱璧之礼威严有加，
王公大夫的驷马之仪体面荣耀。
就是数尽天下的荣华富贵，
也不及静守和领悟这奇妙的道。

古人们如此看重道的作用，
是因为它有求必得、有灾便消。
倘若人人都珍视道的法则，
那天下的平安富贵何愁不到？

品读

“道”的粤妙在于它的包容。高官厚禄，不如坐而得道。道是善人的宝贝，但恶人也需要它的保护。人有罪恶，是可以改过的，为什么要抛弃他们呢？每个人都希望得到尊重，他也应该尊重每个人。尊重所有人，自己也可以获得力量和帮助，本章的要点是通过这些阐述，告诫那些位居百姓之上的君主王侯，不仅自己要守“道”，而且要用清静无为之“道”施政于天下。

# 第六十三章

## 不大为大

原文

为无为　事无事　味无味
大小多少　报怨以德
图难于其易　为大于其细
天下难事　必作于易
天下大事　必作于细
是以圣人终不为大　故能成其大
夫轻诺必寡信　多易必多难
是以圣人犹难之　故终无难矣

诗译

用无为的理念来指导行为，
用无事的眼光来观察世事；
用淡然的心态来品味生活，
这就是我们所说的无为而治。

大小多少并不是简简单单的字，
以小为大，以少为多是智者的方式。
圣明的人大公小私，少取不为，
以德报怨，来赢得拥戴、支持。

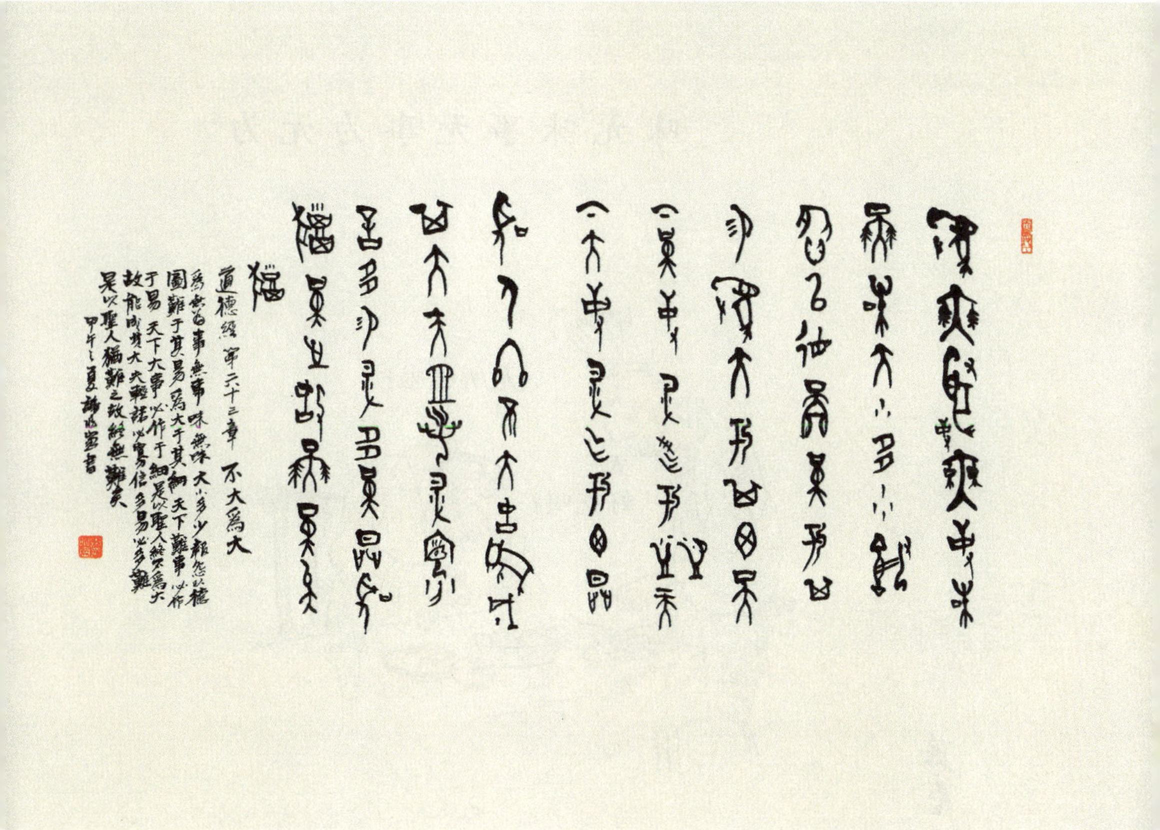


筹划困难之事从最容易的入手，
即使夺取天下也先要筹备细致。
圣明的人从不会舍小而自大，
从小做起，一步一步来成就大事。

轻易承诺之人难有信誉可言，
专走捷径者终会遭受困难损失。
圣明的人总把困难想得很多，
事成之后你会发现不过如此。

品读

老子在这里用大与小、难与易等矛盾双方的转化，再次表达“无为”的思想。无所为而为，无所事而事，无所味而味，无所大而大。四句话，归纳起来就是“不大而大”，“无为而为”。我们生活中常出现以怨报怨，以德报德，以怨报德，以德报怨等情况。但有道之人因为抱朴、寡欲，并没有人我之分，也就无所谓德与怨了，以德报怨又尚未不可?

## 第六十四章

# 治于未乱

原文

其安易持　其未兆易谋
其脆易泮　其微易散
为之于未有　治之于未乱
合抱之木　生于毫末
九层之台　起于累土
千里之行　始于足下
为者败之　执者失之
是以圣人无为故无败
无执故无失
民之从事
常于几成而败之
慎终如始　则无败事
是以圣人欲不欲
不贵难得之货
学不学　复众人之所过
以辅万物之自然而不敢为

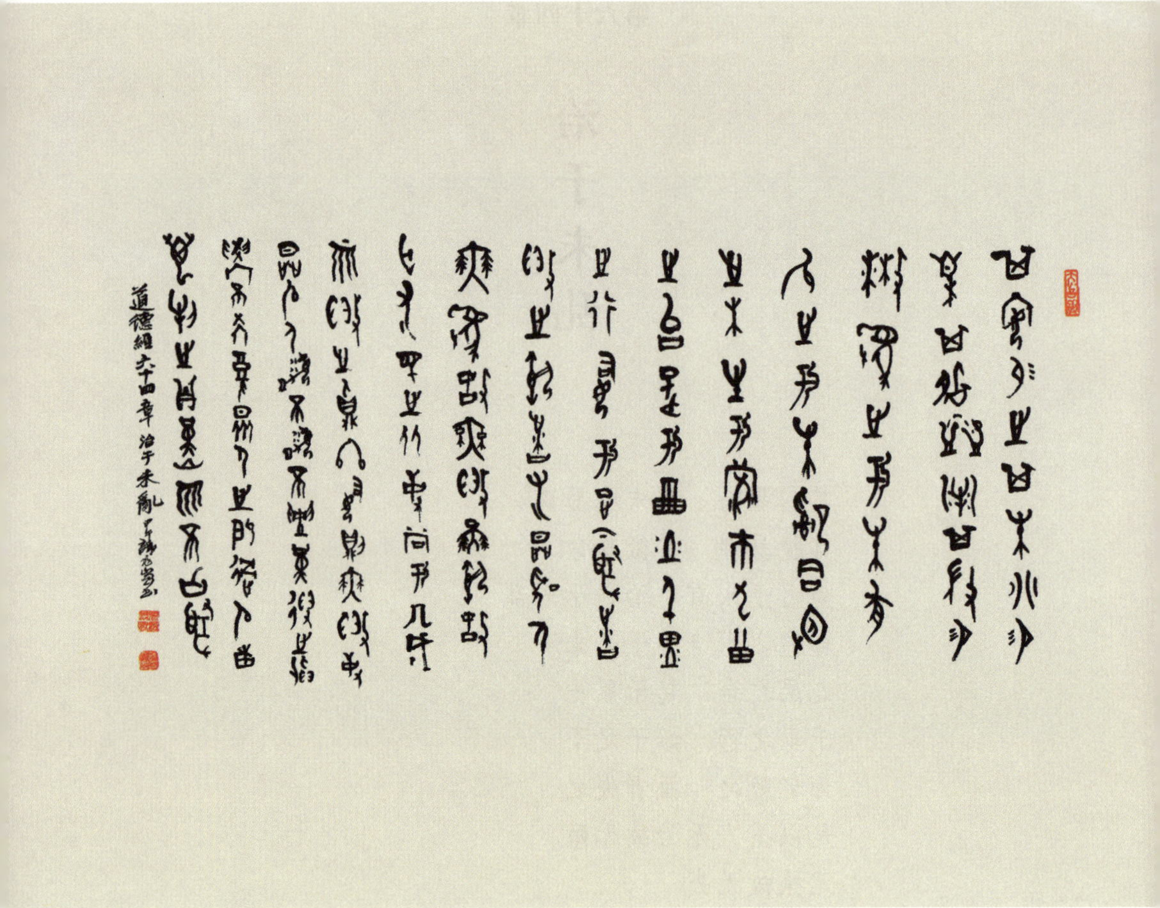
道德經六十四章 治于未亂

世道于安稳状态最容易把持，
事物未见端倪正是谋取之时。
脆弱的组织最方便将它分化，
细微的东西最容易把它散失。
所以凡事要从未开始之时做起，
国家的治理要在未乱之前实施。

别看那数人合抱的参天大树，
长成之初它也是细小的细叶末枝。
九层之高的楼台宝塔，
离不开累累的泥土来奠基护持。
千里的行程须从脚下开始，
要一步一个脚印地辛苦不辞。

胡作非为的人必然遭致失败，
疯狂占有的物最终定会丧失。
所以圣明的人坚持无为的思想，
决不巧取豪夺，何来非议微词？
为什么总是有人功亏一篑，
眼看着成功却吃了失败的果实？
这是因为事业将要完成之时，
他没有做到始终如一的坚持。

没有欲望，就是圣人的欲望；
他不稀罕那些难得的财富物资；
人所不学，正是圣人的学业，
用以补救人们常犯的错误与过失。
那圣人到底是怎样的人呢？
他遵循事物的规律而不滥加控制！

品读

本章充满了辩证法思想，在老子看来，大事物总是从小东西发展变化而来，任何事物的出现都有其形成变化发展的过程。世道安定时治国容易些，困难还未发生时克服容易些。脆弱的容易分化，微小的容易丢失，不要等到天下大乱才去治理。任何事物都是从“生于毫末、起于累土、始于足下”开始的。从小事做起，方能完成大业。

## 第六十五章

# 大智若愚

原文

古之善为道者
非以明民　将以愚之
民之难治　以其智多
故以智治国　国之贼
不以智治国　国之福
知此两者　亦稽式
常知稽式　是谓玄德
玄德深矣　远矣　与物反矣
然后乃至大顺

诗译

自古以来，善于以道治国的人，
总是引导人们走向质朴和纯真。
他讨厌人人都那么精明强干，
靠权谋和巧辩岂能发展生存？

很多当权者总说刁民难治，
其实是他自己愚智不分。
人的思想行为要正确的引导，
而不是放任欺诈与狡辩滋生。

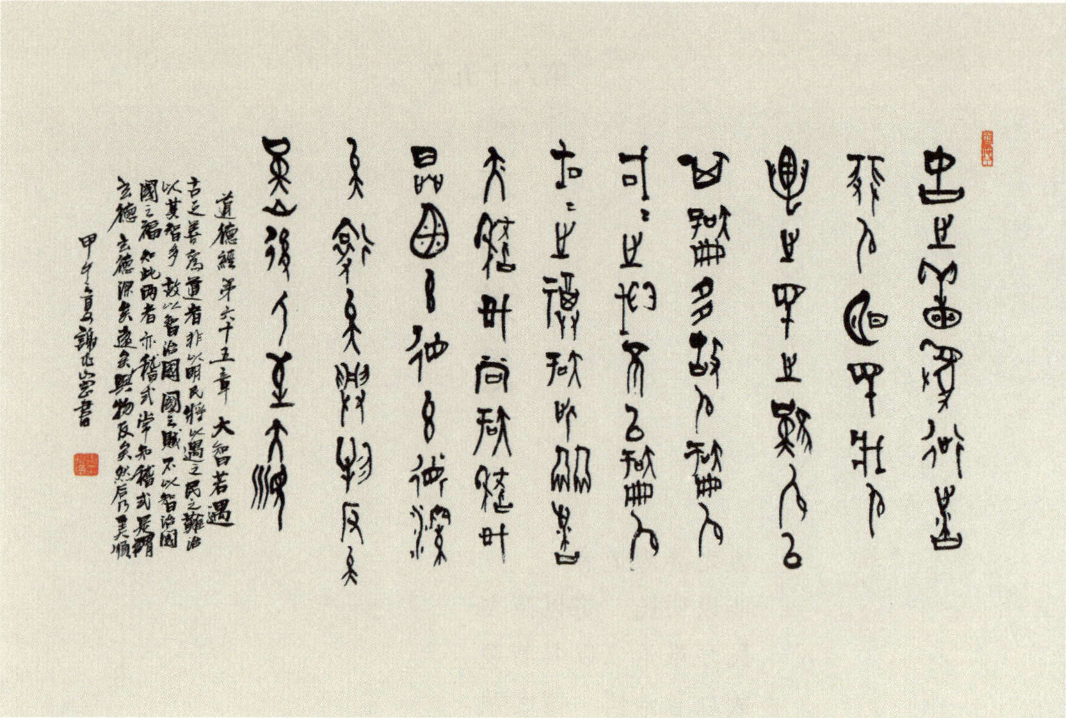


如果靠权谋和技巧来治理国家，
那一定会你争我夺，离析分崩。
不靠智谋而以诚信取胜的人，
往往能带来国家的幸福安宁。

这是两种常见的治国模式，
是兴盛与衰落的原则区分。
深刻理解了两者的优劣成败，
就掌握了玄妙的道德精神。

这种玄妙的理论神奇而深远，
它的终极目标是返璞归真。
国家和人民将终归大顺，
道与德在天地里一统乾坤。

品读

这里的愚，不是现代人说的愚蠢、愚弄之意，而是代表质朴淳和。政治的好坏，与领导者的处心及做法有关。真诚质朴，才会导出好的政风和社会风气。勾心斗角，机巧奸滑，就会泯灭掉原始的质朴、淳厚的人性。所以要顺应自然，返璞归真。老子在这里点明了为政的原则就是以善为道，要教化百姓民众纯真朴实，而不是教化民众精于智巧伪诈。

## 第六十六章

# 不争之争

原文

江海所以能为百谷王者
以其善下之　故能为百谷王
是以圣人欲上民　必以言下之
欲先民　以其身后之
是以圣人处上而民不重
处前而民不害
是以天下乐推而不厌
以其不争
故天下莫能与之争

诗译

江海之所以汇百川而成其大，
因为它善于使自己地处低洼。
帝王要使自己处于百姓之上，
同样要善于体恤民众甘居人下。
还要身体力行地走在前列，
不把个人的名利高高凌驾。

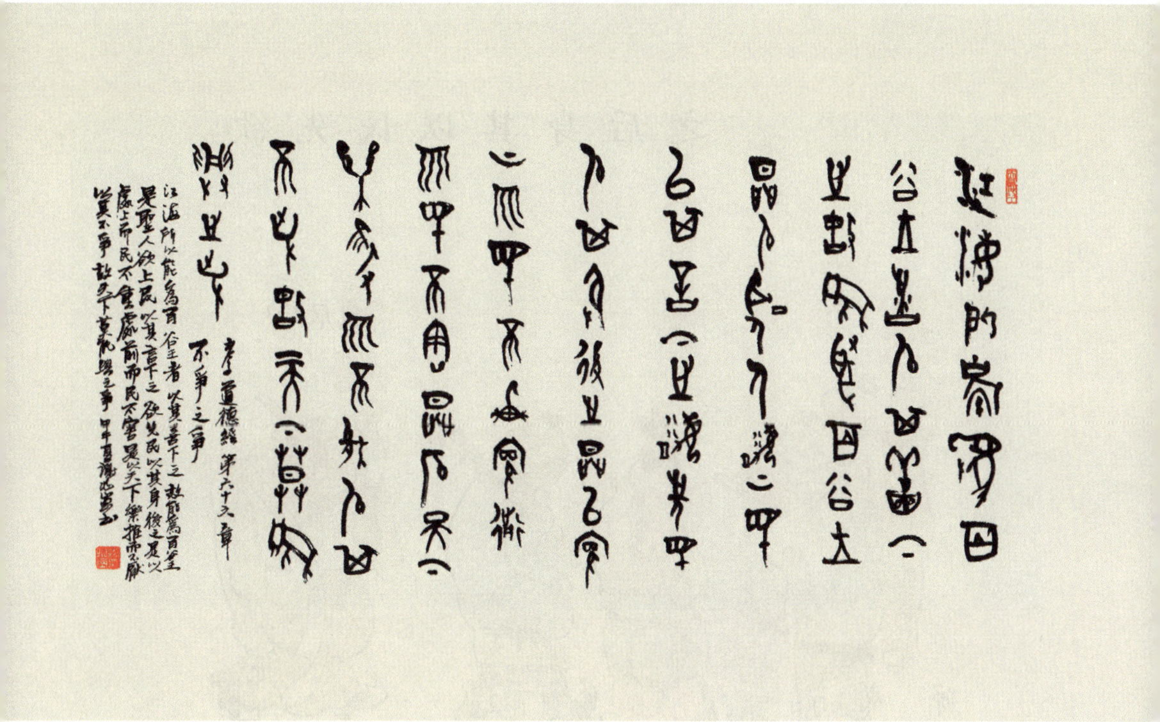

圣明之君要做到居后而处下，
人民才不会感到厌倦和害怕。
不盛气凌人，
不为害百姓的人，
人民就会真心的拥护，
爱戴有加。
自己不去与人争名，
与民争利，
天下，
又有谁能争得过他？

品读

在这章里，老子阐述的是以屈求伸的策略思想以及“不争”的政治主张。处下、居后、不争，这是王者之风。江河为什么能汇聚百川？因为处下。所以要心口一致的恭谦处下。其次，要居百姓之先，先居百姓之后。不擅作主张，根据大家的心愿和意见来制定政策。不争也是一样，你不与任何人相争，天下就没有人和你争。

## 第六十七章

# 我有三宝

原文

天下皆谓我道大　似不肖
夫唯大　故似不肖
若肖　久矣　其细也夫
我有三宝　持而保之
一曰慈　二曰俭　三曰不敢为天下先
慈故能勇　俭故能广
不敢为天下先　故能成器长
今舍慈且勇　舍俭且广　舍后且先　死矣
夫慈　以战则胜　以守则固
天将救之　以慈卫之

诗译

世人都说我的道太大，
大得无边无际，啥也不靠。
天下有什么东西能与它相比呢？
没有，谁也无法把它具体的画描。
如果说它像某种东西的话，
那早就变得毫无意义，琐碎渺小。

为人处事我有三件珍贵的法宝：
慈爱、节俭、谦让为高。

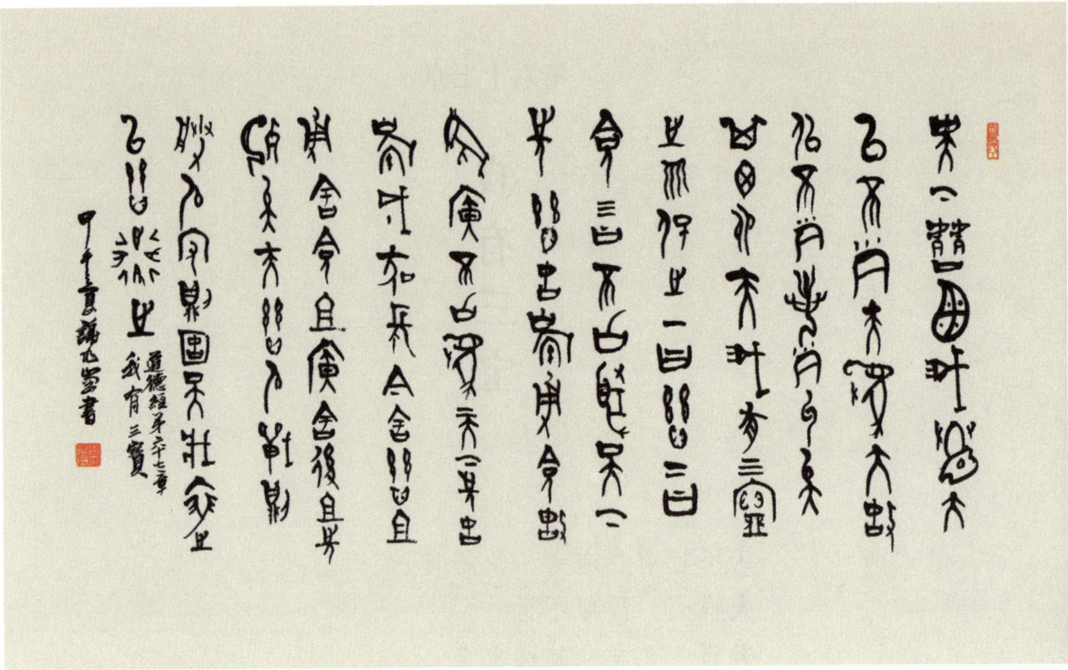


谦让，就是在名与利上不与人争，
这三者都应该时刻牢记，心中永葆；

对亲友仁慈，便有保卫她的勇气；
对自己节俭，就能走出宽广的大道。
不去与天下的人争名夺利，
却能成就大器，也许加身黄袍。
但如果舍弃慈爱而求匹夫之勇，
抛开节俭去奢谈发展之道，
或者不知谦让，凡事你争我夺，
这都是利令智昏，难逃死路一条！

以慈爱为本，打仗的胜利可保；
怀仁爱之心，防守的阵地坚牢。
慈善之人，即使遇到再大的困难，
也会有老天的救助、命运的回报。

品读

“慈”“俭”“不敢为天下先”是老子的“三宝”。慈，即慈善，这是第一位的。“敢为天下先”与“争”是一个意思，“不敢为天下先”即“不争”。三宝实际上就是谦让、谦虚、不争。简单地讲，还是一个“谦”字。而不慈、不俭、不谦者，死矣。

## 第六十八章

# 运筹帷幄

**原文**

善为士者　不武
善战者　不怒
善胜敌者　不与
善用人者　为之下
是谓不争之德
是谓用人之力
是谓配天
古之极也

**诗译**

做将帅的人不应恃勇逞强，
动不动摆出一副勇猛的模样。
善于打仗的人不会轻易发怒，
激动和暴躁往往败之仓惶。

真正的勇士不必直接交手，
智慧和策略是制胜的保障。
英明的统帅往往礼贤下士，
不但善于用人，而且用其所长。

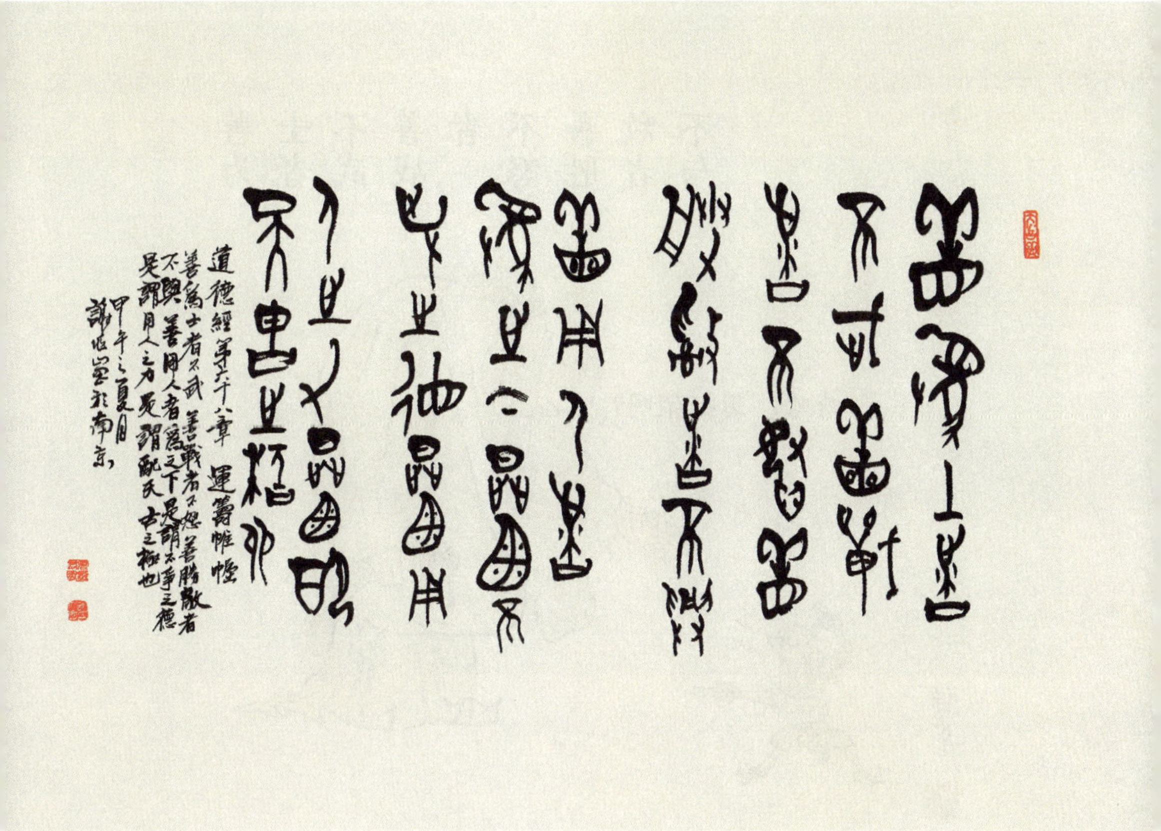


以上是我们常说的不争的道理，
是作为领导者应有的道德修养；
只有人尽其才，合理地调配，
方能够运筹帷幄，决胜千里战场。
掌握了不争之德和用人之道，
就掌握了古人深奥的用兵思想。

○ 品
○
● 读

做将帅的，不要总是耀武扬威；用兵打战，不要总是怒气冲天。克敌制胜，不一定非要刀枪相见；用人之道，要做到恭谦随和。这几条，实际上就是老子用兵思想的总原则。不逞强、不斗狠，充分发挥人的聪明才智，以不争达到目的。这也是符合天道自然法则和规律的。

## 第六十九章

# 用兵之道

原文

用兵有言
吾不敢为主　而为客
不敢进寸　而退尺
是谓行无行　攘无臂
扔无敌　执无兵
祸莫大于无敌
轻敌几丧吾宝
故抗兵相加　哀者胜矣

诗译

用兵打仗是一门高深的学问，
战略战术都有着基本的理论。
首先不应挑起战端以兵伐人，
发动战争免不了天怨人恨。

万不得已时起而保家卫国，
积极防守是胜利的根本保证。
两军对垒你贸然地推进一寸，
倒不如退守一尺来争取主动。

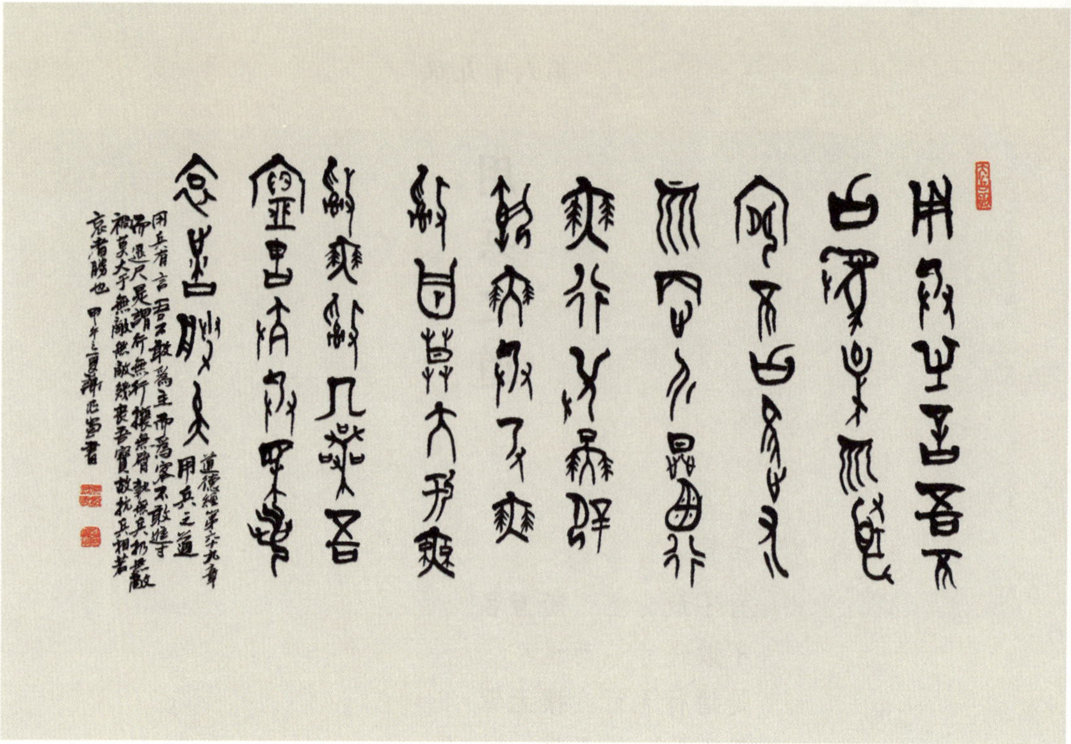

作战时，尽管有千军与万马，
敌人却弄不清我的行军布阵。
就好像对面有人在振臂高呼，
却不知道胳膊在哪里摇动。

敌人看到的却是你两手空空，
尽管你有无数的尖刀与利刃。
哪怕面临着你死我活的厮杀，
也要让对方不把你当敌人相认。

最怕的是看轻了敌人的力量，
心中无敌将带来失败的噩梦。
而两军交战实力相当的时候，
永远是正义和忧患的一方取胜。

品读

老子是反对战争的。万不得已而开战，他也主张以守为主。他说，不要轻易动用军队，不要轻易发动战争。不要轻易攻击敌人，不要轻易使用兵器。最大的原则是不轻易与人为敌，而最大的失败将是轻视敌人的力量。两军对垒，哀兵必胜，骄兵必败，老子在论述这些“用兵”思想时，始终没有离开他的“无为守柔”的哲学思想原则。

# 第七十章

## 知易行难

**原文**

吾言甚易知
甚易行
天下莫能知
莫能行
言有宗
事有君
夫唯无知
是以不我知
知我者希
则我者贵
是以圣人被褐怀玉

**诗译**

我的理念其实很容易说清，
认真去做的话也简便易行。
可普天之下有几人真正的懂它？
认真践行者就更是寥若晨星。

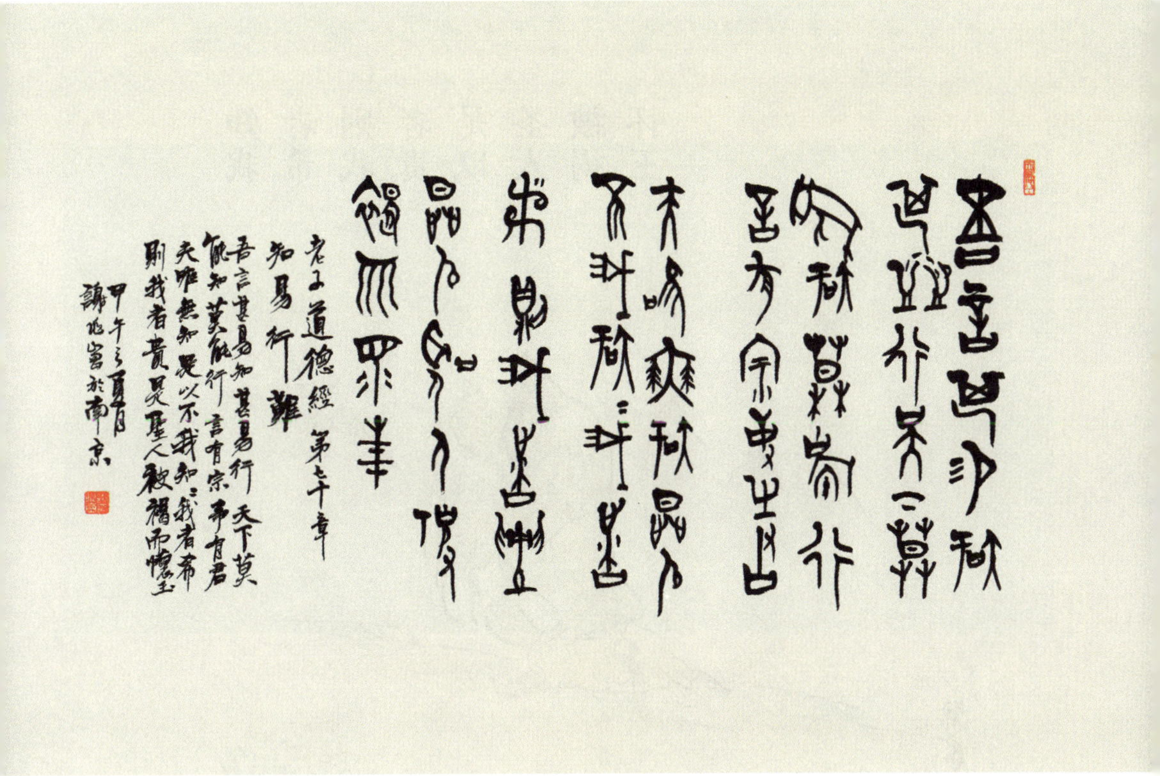

实际上我说的道理都是有模有形，
所有的行为也都是以自然为君。
可人们还是不能真正的理解啊！
不理解的理论又如何能够施行？

这世上理解我的人凤毛麟角，
而真正施行的人更是珍贵难寻。
生不逢时啊！就像孤独的圣者，
我怀揣宝玉，布衣破笠任前行！

○ 品
○ 读

这一章，是老子发的一段“怀才不遇”的感慨：我关于道的理论其实很容易理解，也很容易实行。然而天下竟没人能够理解，更没人加以实施。我的主张是有依据的，我提出的办法也是切实可行的。可是，知我者太少啊！我怀揣着宝玉，却过着贫贱的生活。

## 第七十一章

# 圣人不病

原文

知不知　上
不知知　病
夫唯病病
是以不病
圣人不病
以其病病
是以不病

诗译

知道自己的无知和不足；
是可贵而聪明的人。
不懂还偏偏自以为是的人，
已是无可救药，大病缠身。

无知和不足作为毛病来克服，
使自己不断完善，
走向成功。
圣明的人不犯这样的错，
他深知这是害已害人的祸根。

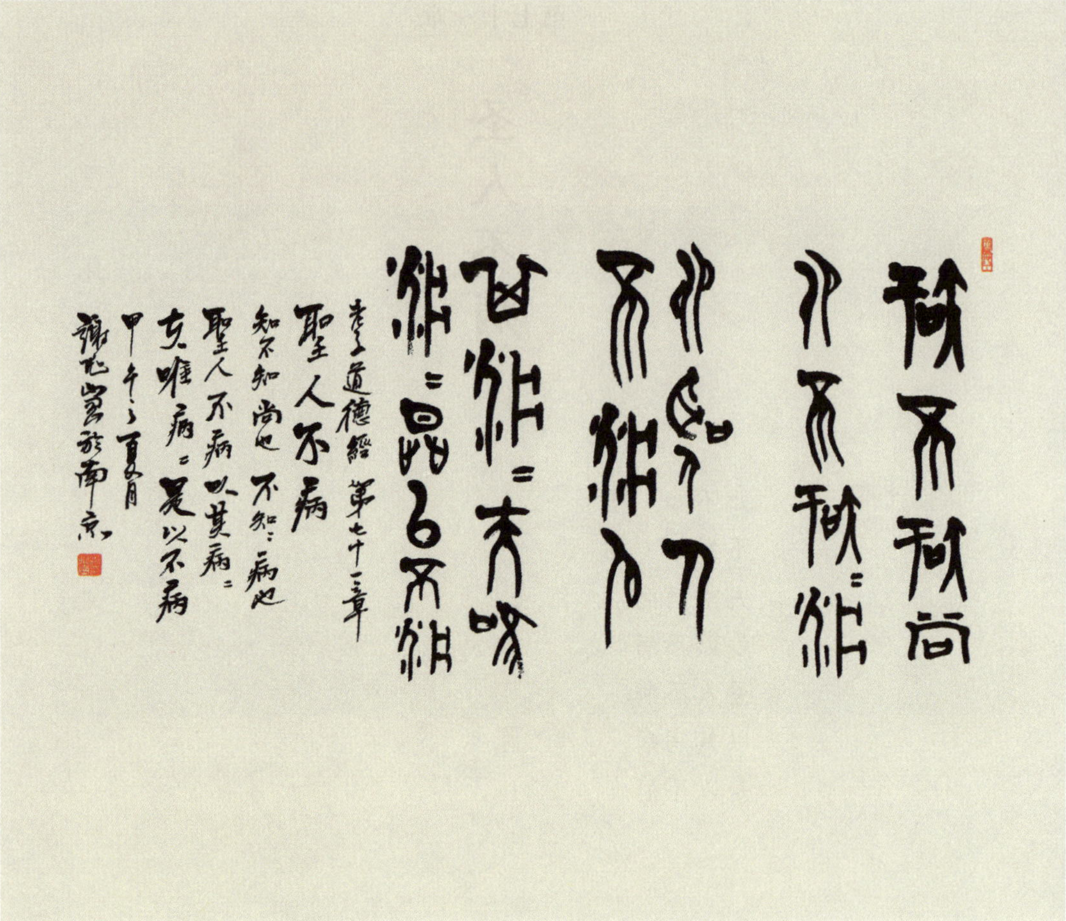
老子道德經 第七十一章
聖人不病
甲午之夏月

品读

这一章，主要是讲述人应该有自知之明。老子将人的过错视为有病，将纠错看作治病。他说，知道自己不足的人是值得尊敬的。可悲的是自以为是的人。而现实生活中，常常有这样的人，他们刚刚了解一点事物的皮毛，就认为很有知识了。还有些人不懂装懂，却招摇过市。这都是有病。

# 第七十二章

## 民不畏威

原文

民不畏威　则大威至
无狎其所居　无厌其所生
夫唯不厌　是以不厌
是以圣人自知不自见
自爱不自贵
故去彼取此

诗译

人民一旦不畏惧权力的制裁，
那更大的危害就会接踵而来。
所以不能让人民对生活失望，
不能让百姓对社会厌倦疑猜。
只有人民不厌恶你，不猜忌你，
你的政权才不会陷入灭顶之灾。

圣明之君不因自知而嚣张炫耀；
聪明的人自珍自爱而不甩大牌。
保持自知自爱，舍弃嚣张骄贵，
把人民的衣食住行好自安排。

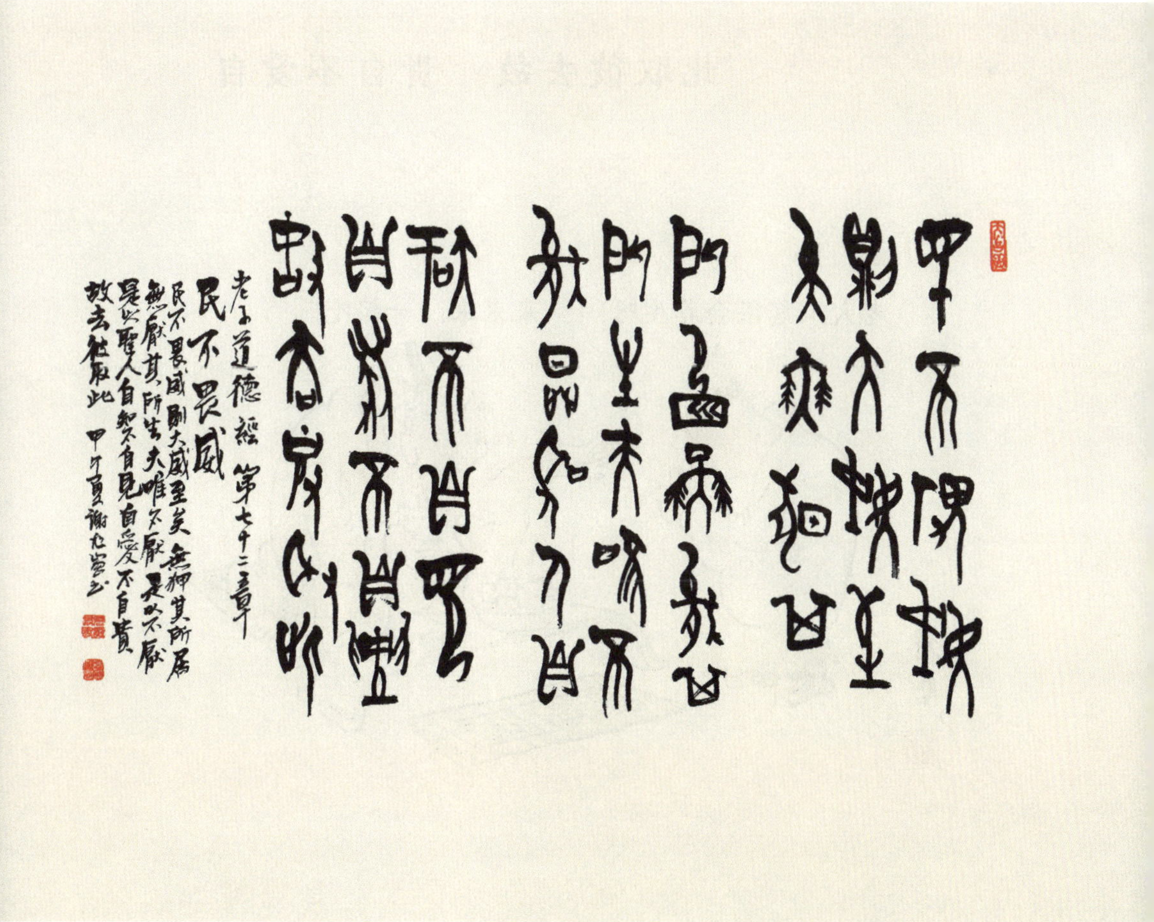
老子道德經 第七十二章
民不畏威
民不畏威則大威至矣 無狎其所居
無厭其所生 夫唯不厭 是以不厭
是以聖人自知不自見 自愛不自貴
故去彼取此 甲午夏

品读

有两种治国之道：人们不服你的统治，便使用残暴的手段对付他们。不让他们生活在自己的家园，不让他们过上温饱的生活。这是前者。聪明的领导不这样。他们有自知之明，不会只顾自己，不会唯我独尊。很明显，道反对前者，颂扬后者。老子在这一章中表达了反对施威于民的政治观点。

## 第七十三章

# 天网恢恢

**原文**

勇于敢则杀　勇于不敢则活
此两者　或利或害
天之所恶　孰知其故
是以圣人犹难之
天之道
不争而善胜　不言而善应
不召而自来　绰然而善谋
天网恢恢　疏而不失

**诗译**

胆大妄为、逞强好胜是匹夫之勇，
一味地冲冲杀杀，
到头来有几个善终？
致虚守静、以柔克刚是智者之勇，
勇于放弃，退一步海阔天空。
敢与不敢虽然同样是勇，
但利与害的结果却显然不同。

老天对任何事物都有所喜恶，
但天的心意历来是神秘朦胧。
就是圣人也难以将天意解说，

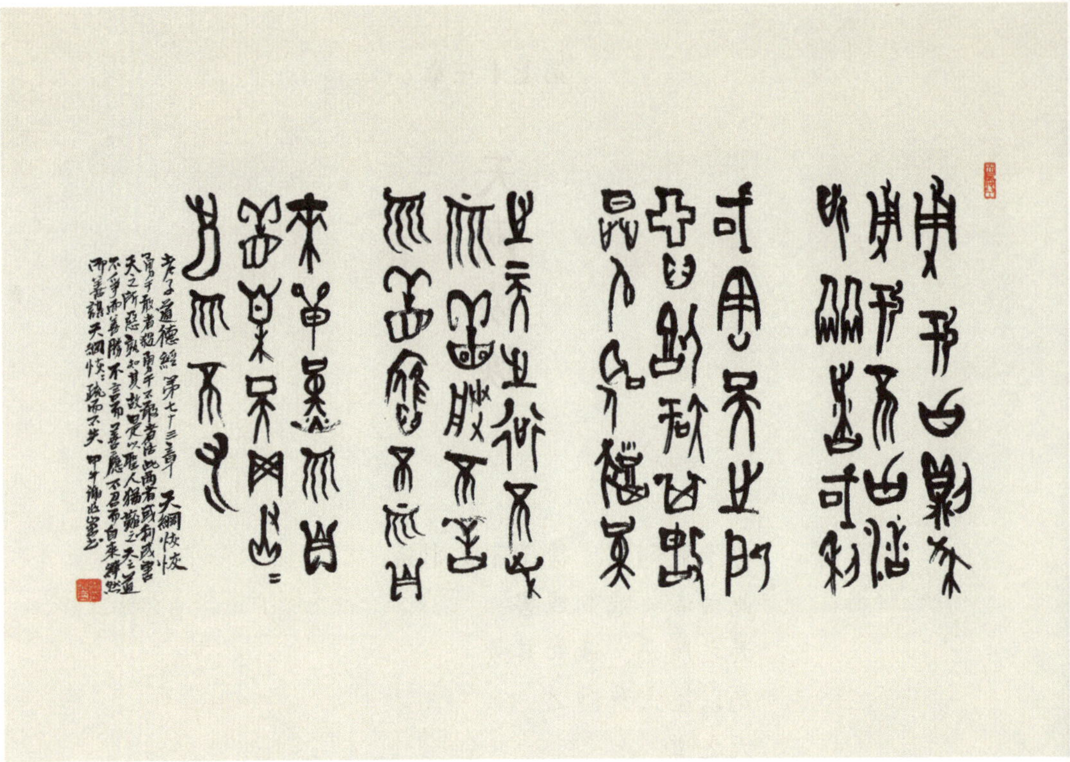

更何况
红尘俗世里的芸芸众生？
所以，
记住一些基本的规律吧，
也许这就是天意，
这就是道的原理精神：

不与人纷争，靠智慧取胜；
不强词夺理，用事实争雄。
不须召唤，总能适时而前往；
不慌不忙，谋划于掌控之中。
自然的规律是一张巨大的网啊，
看似稀疏，却漏不掉一毫一分！

品读

勇于强力作为的人是很危险的，而勇于谦下柔和的人则能善保其身。这两者虽然都是勇，但谁好谁坏，一目了然。按照自然规律办事，便可做到不争而胜，不言而应，不请自来。就像广大无边的天网，虽然稀疏，却不会有任何遗漏。

## 第七十四章

# 民不畏死

原文

民不畏死　奈何以死惧之
若使民常畏死　而为奇者
吾得执而杀之　孰敢
常有司杀者杀　夫代司杀者杀
是谓代大匠斫　夫代大匠斫者
希有不伤其手矣

诗译

如果人民已到了不怕死的地步，
你还用死来威胁又有什么用处？
要让百姓对死亡有害怕的心理，
就必须对犯法的人重罚严诛。
严惩了那些罪大恶极的首犯，
谁还敢用生命来打赌？

通常要由法律来决定杀戮，
谁也不能为所欲为滥杀无辜。
如果有权就可以代替司法，
就如同代替工匠去砍树伐株。
那些代替工匠滥砍滥伐之人，
一定会受到伤及自身的报复。

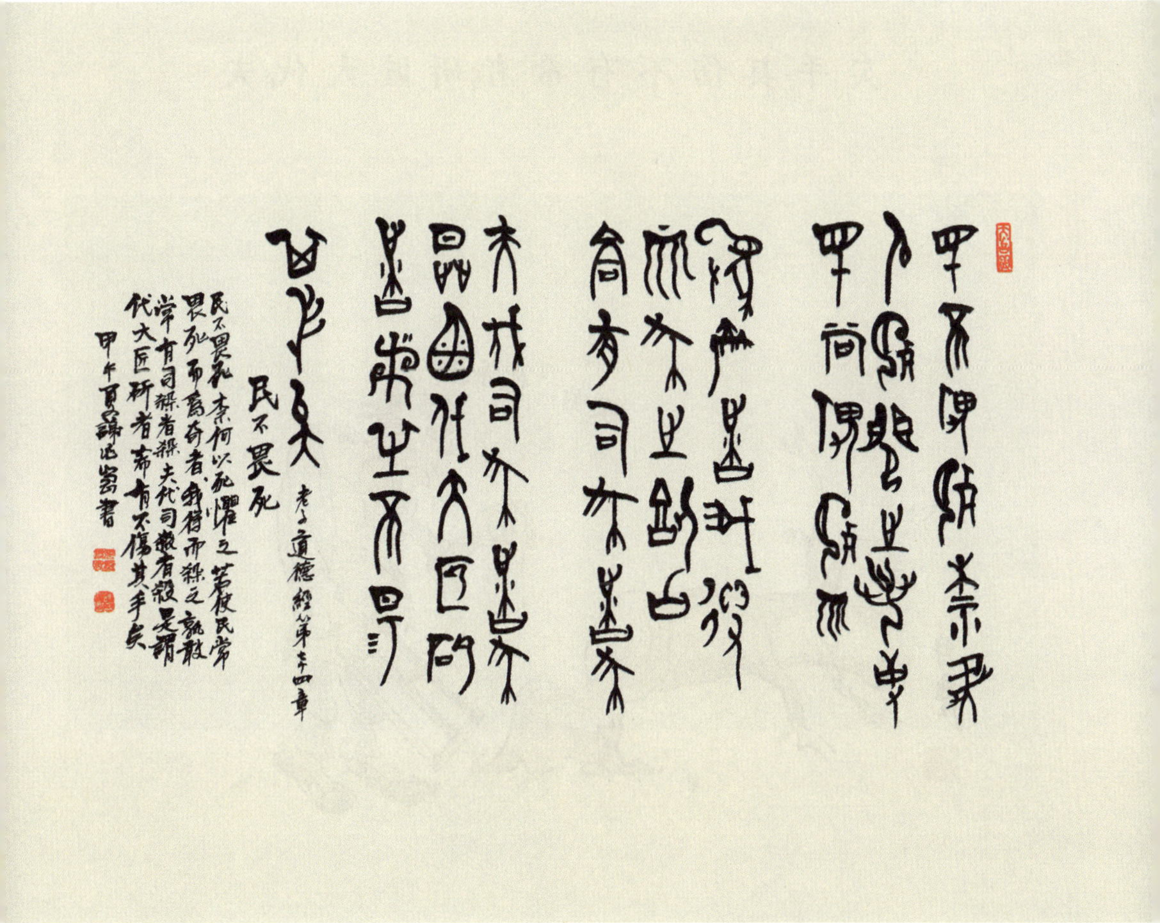
民不畏死
老子道德經第七十四章
民不畏死奈何以死懼之若使民常畏死而為奇者我得而殺之孰敢常有司殺者殺夫代司殺者是謂代大匠斫夫代大匠斫者希有不傷其手矣

品读

人民不怕死，你用死来威胁又有何用？本来，人的正常死亡，是有自然规律的。你如果残暴无道地去杀人，这就是代天执法了。而代天执法，就像代替伐木者砍树一样，难免不砍了自己的手。这说明：一、依靠杀人治理不好国家；二、依靠杀人总有一天会杀到自己头上。老子用这种“报应”之说，警告统治者不要滥杀无辜。

# 第七十五章

# 民饥税多

原文

民之饥
以其上食税之多
是以饥
民之难治
以其上之有为
是以难治
民之轻死
以其求生之厚
是以轻死
夫唯无以生为者
是贤于贵生

诗译

人民之所以忍饥受饿生活无着，
是由于统治者侵占的财富太多。
没完没了的苛捐与杂税，
使得人民的生活饥寒交迫。

民众之所以难于治理消极沉默，
是由于统治者太喜欢折腾张罗。

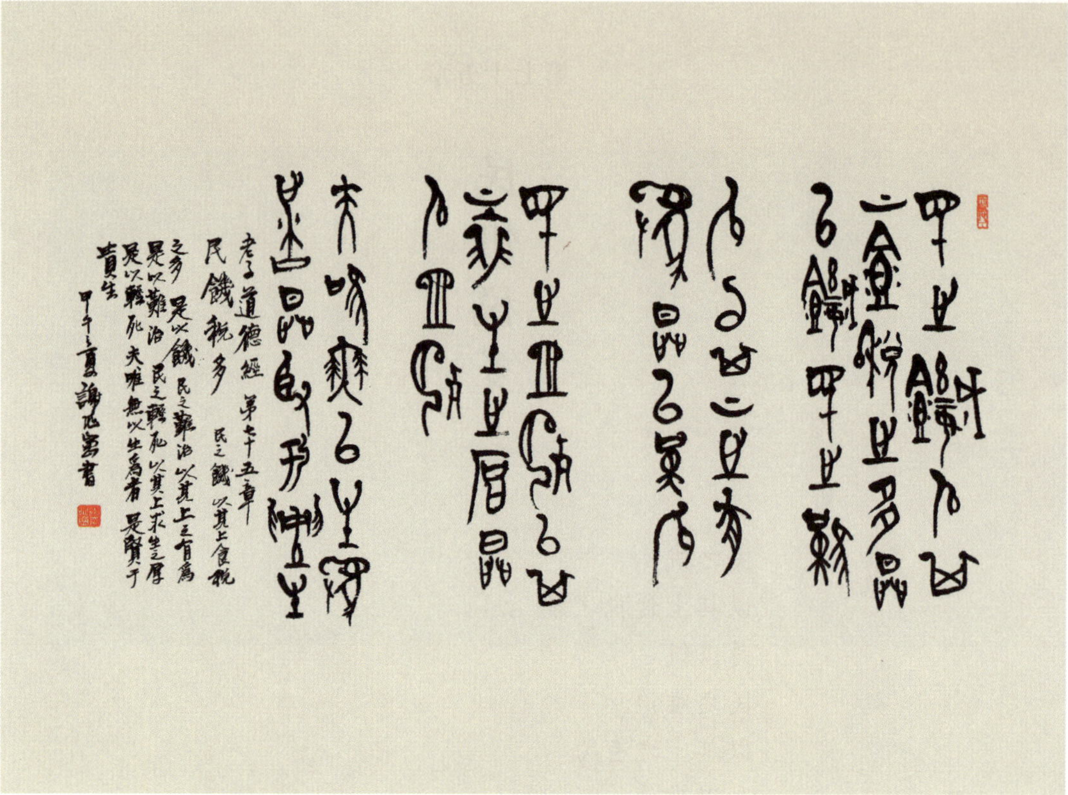


为了自己的虚名与私利，
哪里管得了民众的生存死活？

为什么有人不惜鱼死网破？
是由于统治者追求的奢华太过。
有压榨就会有拼死的反抗，
前仆后继地牺牲又算得了什么？

把人民的生活作为治理的前提，
时刻心系着百姓的生存安乐；
这才是英明圣贤的君主，
人民才会有真正的幸福生活。

品读

这一章，表现了老子对当时社会现实的强烈不满。老百姓为什么挨饿？是因为苛捐杂税太多了。人民为什么难于治理？是因为政府的折腾太多了。为什么人们不把死当回事？是因为统治者生活得太奢靡了。贪婪残暴的统治者们才是制造灾难、引起动乱的罪魁祸首。

## 第七十六章

# 兵强则灭

原文

人之生也柔弱　其死也坚强
万物草木之生也柔脆　其死也枯槁
故坚强者死之徒　柔弱者生之徒
是以兵强则不胜　木强则兵
强大处下　柔弱处上

诗译

人活着的时候身体柔软灵活，
一旦死去就变得僵硬干涸。
万物草木生长之时也枝柔叶嫩，
而枯死的时候就成了干枝朽木。
可见坚固强硬属于死亡之类，
而柔弱灵动正是生命的赞歌！

穷兵黩武者逃不脱杀身之祸，
木质坚硬者定遭来斧砍锯磨。
顽固强硬的办法终是下策，
取胜之道往往是柔软灵活。

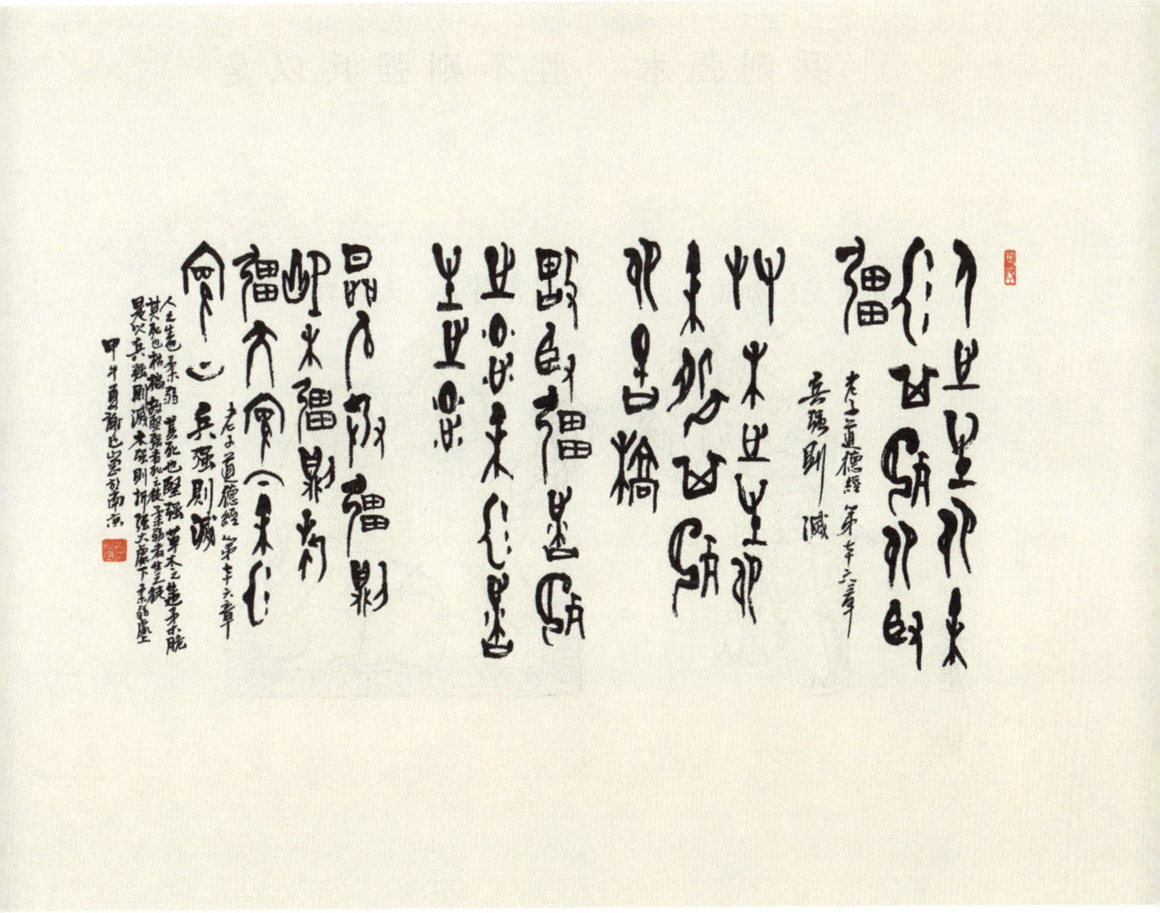
老子道德經第七十六章
兵強則滅

品读

以辩证的观点来看，“兵强则灭，木强则折”是有一定道理的。因为任何事物一旦达到极盛点，就会走向它的反面。老子以生活中常见的生与死的现象告诉我们，一味地莽撞冲杀是一条死路，保持柔软才有生机。所以他提出了“柔弱处上”，“柔弱胜刚强”的观点。

# 第七十七章

## 天道犹弓

原文

天之道　其犹张弓与
高者抑之　下者举之
有余者损之　不足者补之
天之道　损有余而补不足
人之道　则不然
损不足以奉有余
孰能有余以奉天下
唯有道者
是以圣人为而不恃
功成而不处
其不欲见贤

诗译

大自然的法则就像射箭拉弓，
箭与弦既相互牵引，
又相互依存。
弦位高了，就把箭稍稍压下；
目标低了，又把它往上提升。
弦太长了，应将多余的剪去；
弦太短了，需把不足的补充。

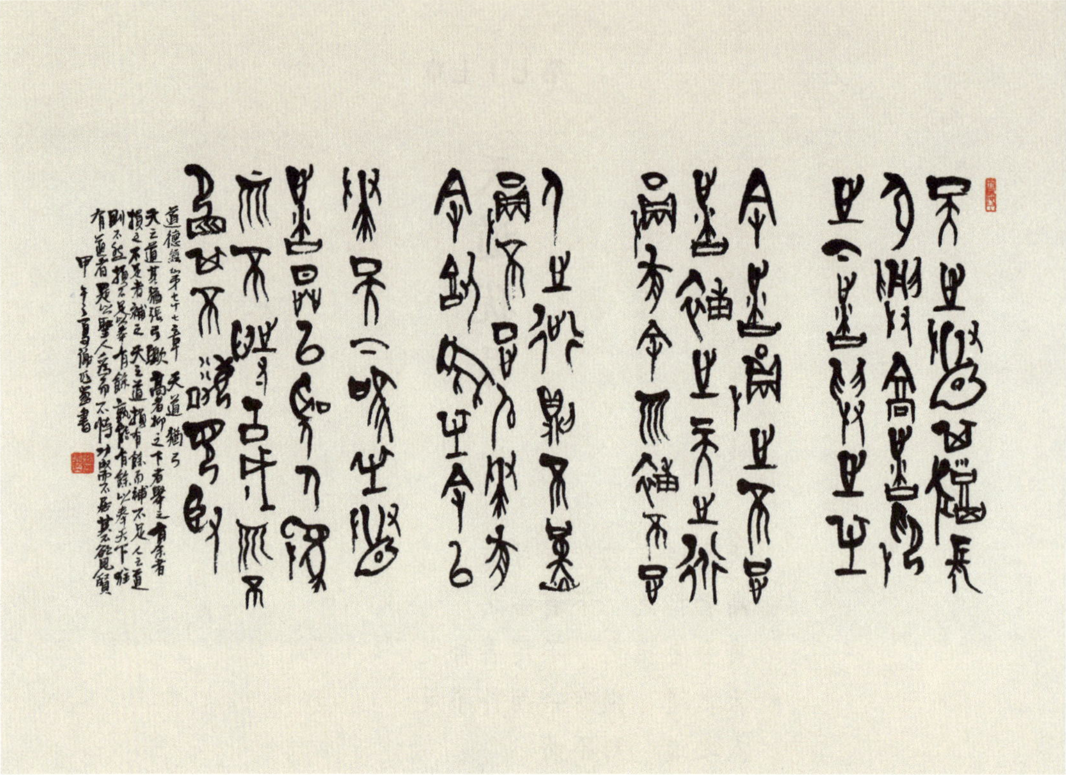

天地之道，
也是以多余来弥补不足，
达到优胜劣汰，
形成自然平衡。
可是人世间的规则却何其不公，
有限的资源总被富裕者侵吞。
怎样才能使财富为天下人共享？
唯有寄希望于道德高尚的人。

所以圣明的人有为而不自傲，
成就了大业也不自居其功。
不求千古贤名流芳百世，
但将富足奉献天下苍生。

品读

这一章较为集中地表达了老子追求的政治理想和主张。大自然的规律就像拉弓一样，高了，压一点；低了，抬一点；长了，剪一点；短了，补一点。这就是“损有余而补不足”。为什么人类社会要恰恰相反，“损不足以奉有余”呢？让贫困的百姓为奢侈的统治者买单。这太不公平！

第七十八章

# 弱水攻坚

**原文**

天下莫柔弱于水
而攻坚强者莫之能胜
其无以易之
弱之胜强　柔之胜刚
天下莫不知　莫能行
是以圣人云
爱国之垢　是谓社稷主
受国之不祥　是为天下王
正言若反

**诗译**

请问，
天下有什么能比水更为柔弱？
又有哪种坚固的物体，
能把水来胜过？
它细微到无形，
长久到无尽，
可它的坚毅与强大却无可替换；
细微的水滴能将硬石穿破，
柔弱的水流可把坚城浸毁。
以柔克刚的道理谁人不知，

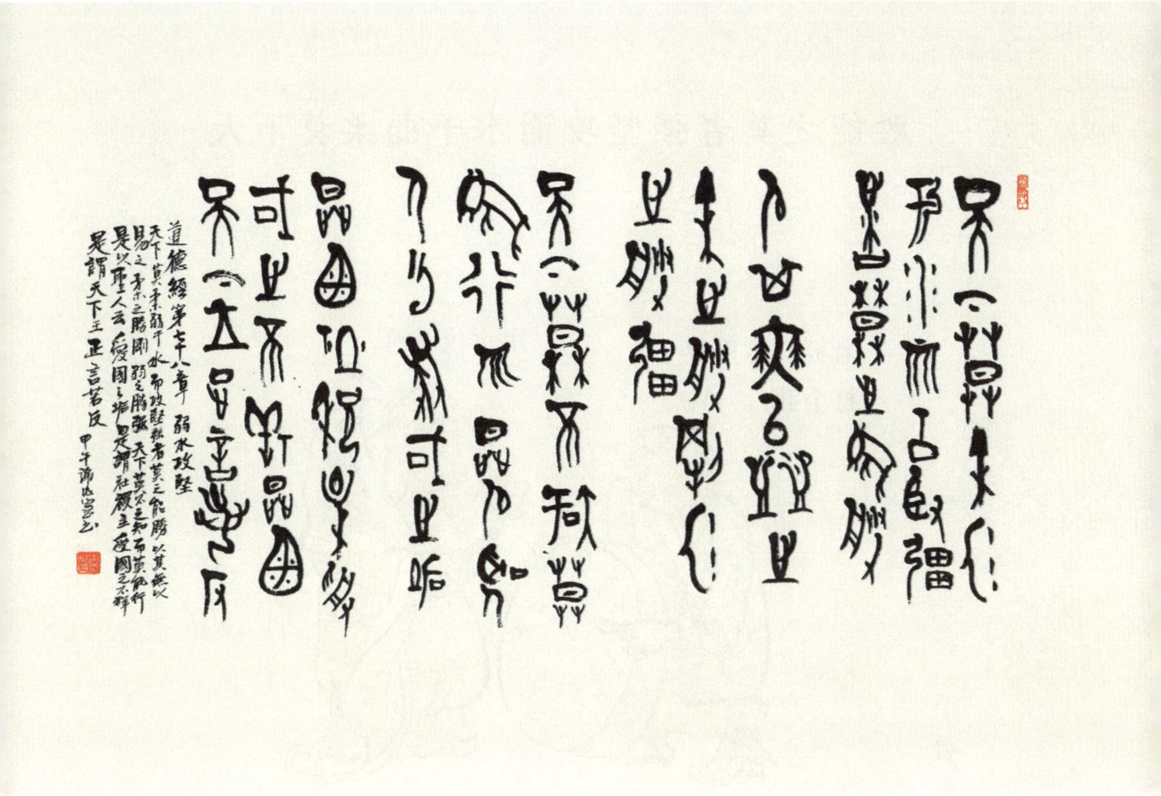

但是，
谁又能自始至终地践行把握？

所以圣明的人总结了这些规律，
把治国安邦的道理深刻评说：
能够承受国家屈辱的人，
才能坐得稳帝王的宝座；
能够肩负国家危难的人，
才能担当起人民的重托！
这些话并不是危言耸听，
那些所谓的道理，
你可以反过来琢磨琢磨。

## 品读

这一章，老子再次以水作比喻，反复论述他的以弱胜强、以柔克刚的道理。老子认为，柔弱的水，能将坚硬的石滴穿。在国家柔弱的时候，在人民危难的时候，有谁，能承当起国家屈辱、人民安危？这样的人，才是江山社稷的主人。一个英明的君主，必须要有忍辱负重的担当。

## 第七十九章

# 天道无亲

原文

和大怨　必有余怨
安可以为善
是以圣人执左契而不责于人
有德司契　无德司徹
天道无亲　常与善人

诗译

要调和人际之间的宿怨积仇，
总难免会有些未解的余怨残留。
怎样才能够做到尽量的圆满？
求大同存小异也许能高枕无忧。

聪明的人手握着借钱的凭据，
却不会流露出半分的责怪苛求。
有德者就像手握借据那样大度，
而无德之人逼债往往把命催收。

善恶都有底线，苍天有眼，
大自然的规律不分亲疏。
不结大怨，是人生修养的至理，
与人为善是有德者永恒的追求。

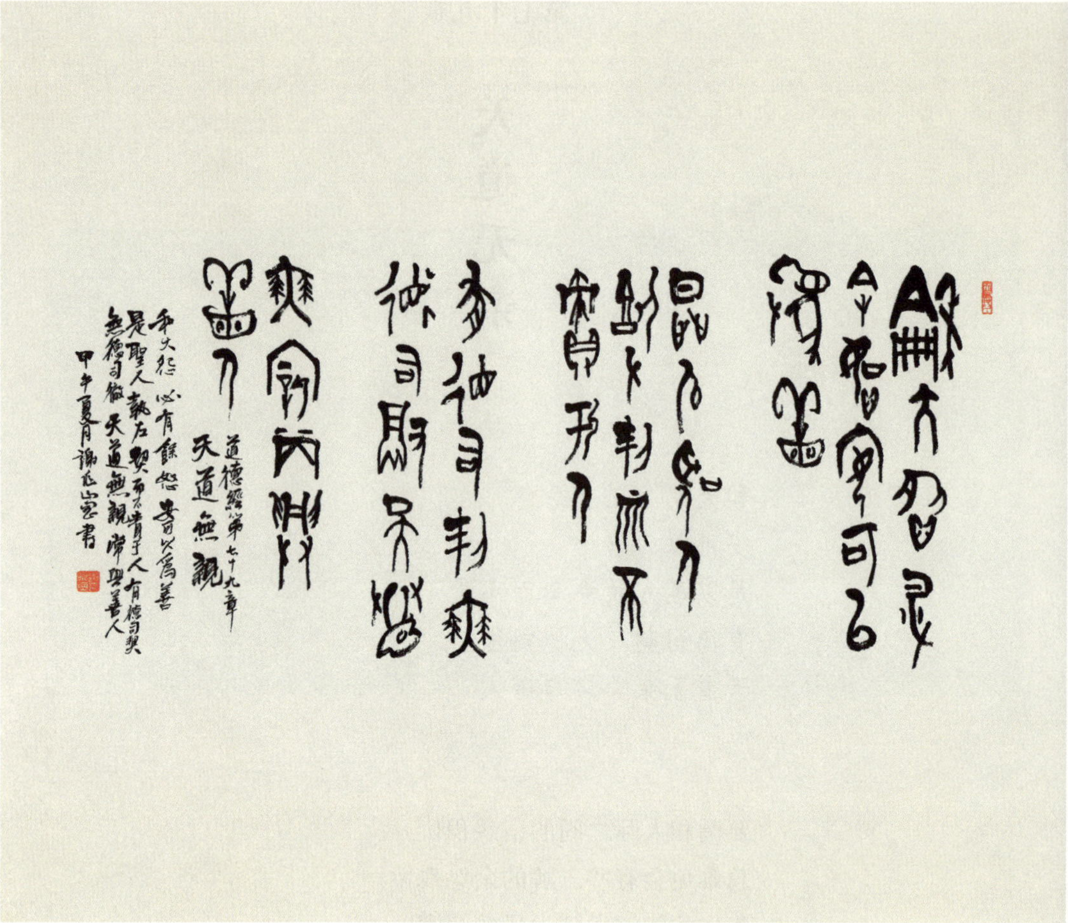
天道無親
道德經第七十九章
和大怨必有餘怨安可以為善
是聖人執左契而不責於人有德司契
無德司徹天道無親常與善人
甲午夏月

品读

老子反复劝诫：统治者不要与民结怨太深。他主张以“德”化解矛盾，有时候化解了大的怨恨，却总有一些小矛盾解决不了。能不能做到尽善尽美呢？似乎有一个办法。比如有人欠了你的钱，你有借据在手，但是你从不拿着欠条催人要钱。也就是说，不要将人逼到绝路上，这是品德高尚的表现。

## 第八十章

# 小国寡民

原文

小国寡民
使有什佰之器而不用
使民重死而不远徙
虽有舟舆　无所乘之
虽有甲兵　无所陈之
使民复结绳而用之
甘其食　美其服
安其居　乐其俗
邻国相望
鸡犬之声相闻
民至老死　不相往来

诗译

国小民少，易治理而少纷争；
这是治国安民的理想情形。
就是有十倍百倍的珍贵器具，
人们也不会为此而介意操心。
大家都安居乐业，珍惜生命，
不必因温饱无着而冒险远行。
车辆和船舶，尽可能闲置不用，
因为生活中根本不需要它们。

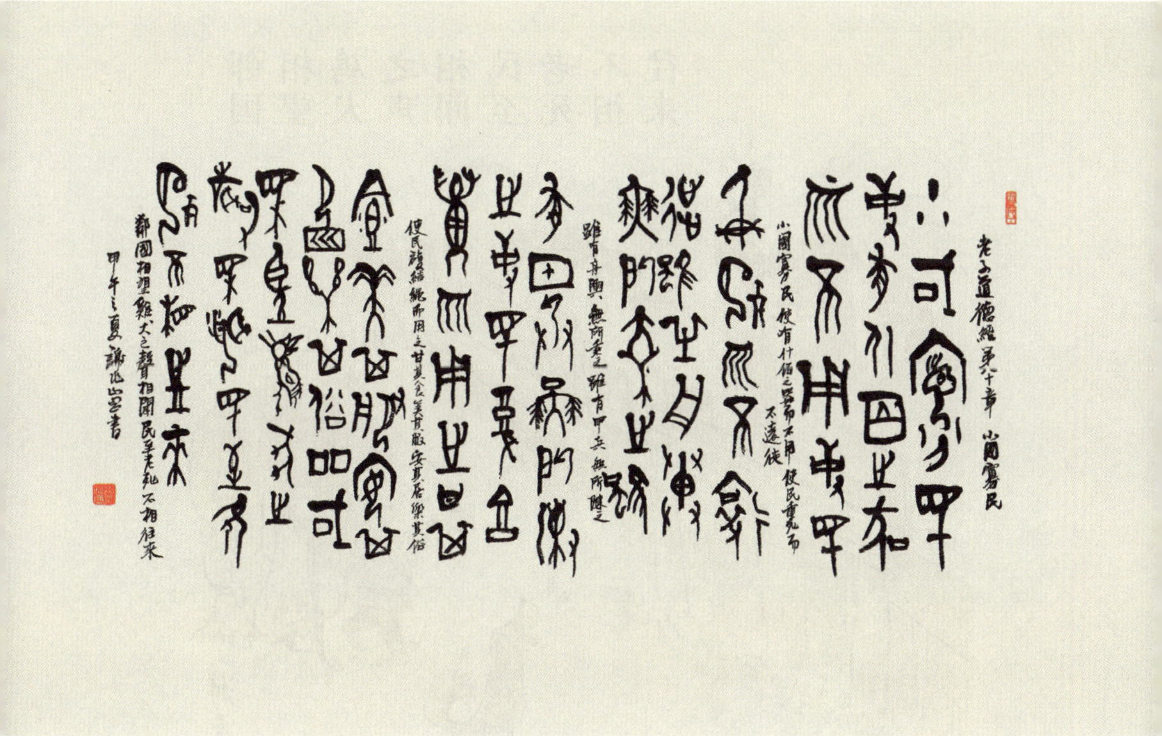


也不必供养军队，添置铠甲，
没有什么机会去布阵排兵。

最好回复到结绳记事的状态，
人们自给自足，生活淳朴安宁。
虽粗茶淡饭却也香甜可口，
麻衣布衫胜过锦缎绸绫。
所居所处，清新幽静即可，
民风民俗，愉悦和睦就行。
邻国之间，可以遥遥而相望；
甚至听得到对面的狗吠鸡鸣。
但民众之间从不结怨交恶，
直至老死，一生终享太平。

○ 品
○
● 读

老子在这一章中描绘了一幅“小国寡民”的农村社会生活图景。国小民少，便于治理。甚至“鸡犬之声相闻，老死不相往来”。这是老子的政治理想。他十分痛恨那种“损不足以补有余”的黑暗统治，追求单纯而朴实的农耕生活，日出而作，日落而息。没有剥削，没有压迫。晋代陶渊明的理想与老子的追求如出一辙，带有原始共产主义的意味。

## 第八十一章

# 为而不争

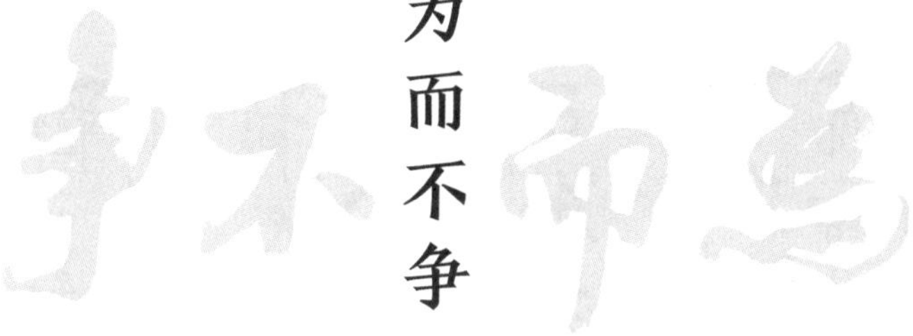

原文

信言不美　美言不信
善者不辩　辩者不善
知者不博　博者不知

圣人不积
既以为人　己愈有
既以与人　己愈多

天之道　利而不害
圣人之道　为而不争

诗译

真实的话总是不那么悦耳轻松，
美好的语言往往言不由衷；
默默耕耘的人不需要自我炫耀，
巧舌如簧的不一定是友善之人；
真正的学问家他不会自诩博学，
自吹自擂的说不定他腹中空空。

圣明的人崇尚无私的奉献精神，
不追求自己的财富金满银充。

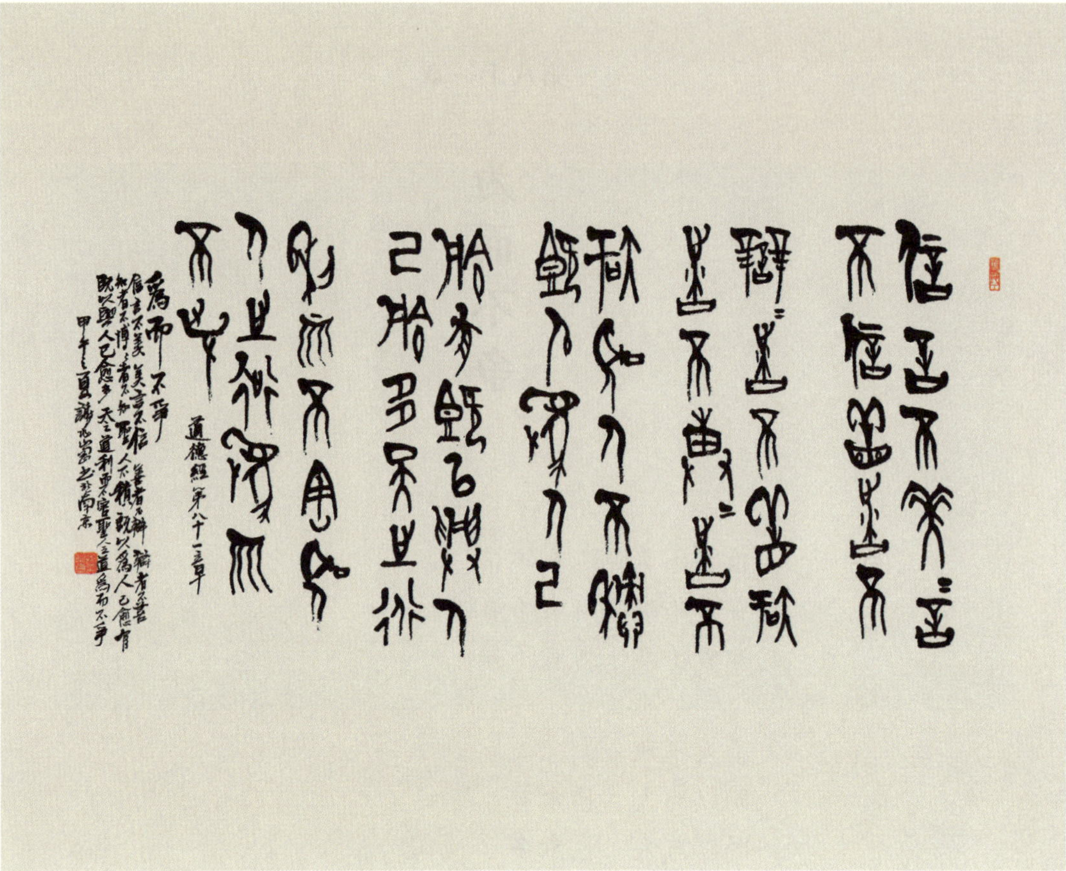

他明白，
帮助人
可以得到真正的快乐和富有；
他知道，
给予人
自己也会有更多的顺利畅通。

大自然有一条最基本的法则，
那就是要利于发展而不去损物害人。
圣明的人遵循事物的发展规律，
有所作为但绝不做那无谓之争。

品读

“信言，善行，真知”，是人们追求真、善、美的三条标准；帮助别人，自己更富有；给予别人，自己更充实。这是一种高尚的品德。“为而不争”，是指有所作为，不争功劳，不争地位，不争财富。

这是老子《道德经》的最后一章。老子在提出“无为”“无私”“无欲”“无争”之后，在这里又提出“无积”这样一个重要哲学概念，只有圣人才能做到“无积”，只有“无积”才能利人不利己。最后以“为而不争”结束全篇，这就是老子哲学思想和政治主张的大总结：天道自然有常，人道为而不争。

# 后 记

《道德经》,又称《老子》《老子五千文》《道德真经》。它和《易经》《论语》一起,是对中国人影响最深远的三部思想巨著。《道德经》分上下两篇,共81章,全文五千余言。

《道德经》作者李耳,生活在西周时期的楚国,距今2500多年了。因古代“李”字和“老”字同音,所以将李耳称为老子。

五千字的《道德经》在今天看来似乎不算很长。这是由于先秦文字总量有限,而且那时的字是写在简帛上的,竹简做起来不容易,锦帛又非常珍贵,所以必须斟字酌句,惜墨如金。再加上老子是大智慧家、大学问家,连孔子也曾数次问道于他,所以,五千言的《道德经》在当时就已经是非常了不起的伟大著作了。

《道德经》问世以来,光是注释本就在3000种以上,注释者中甚至包括八位帝王。古云“千人读老,千般景象”,谁能自称真正读懂了《老子》?谁又能号称完整、准确地注释《道德经》?恐怕老子再世也评判不清楚此事。例如我,做学生时,把《道德经》当作哲学书来学习;青年时期,把它当作一本智慧书来读;步入中年后,又把它当作一部文学书来看。唯一不变的是,它让我终生受益无穷,深感其中的博大精深。

读《老子》经年,我看了有十来种版本,数十种注释的

《道德经》。但从来没想过有一天自己会为这部伟大的著作写注释，并且是以诗歌的形式。经仔细查阅，2500多年的时间内，3000多部的注释中，唯独没有一本是用诗歌的形式来注释《道德经》的，中国是一个诗歌的国度啊！是先人们疏忽了？还是野云的运气太好？孟子说“天将降大任于斯人也，必先苦其心智，劳其筋骨”，于是我用了近两年的时间，数易其稿，终于完成了初稿。

郑板桥说：“删繁就简三秋树，领异标新二月花。”“删繁就简”我不敢，那就“领异标新”一回吧，大不了再拿出数年的时间来修改和校正。心武可以说“红楼”，中天可以讲“三国”，于丹可以评易安，唯野云不可以注“老”乎？土丘亦圣，大道如歌！

此书初成，承蒙画家曾涤尘先生为每章作画，甲骨文专家谢兆岗先生用甲骨文为每章书写原文，书法家张洪先生为本书题写书名及每章标题。他们的精彩之作不啻使野云之“诗说”更上层楼矣。恭致谢忱。

野云

2017年3月24日

**图书在版编目(CIP)数据**

诗书画品道德经/野云著 . —长沙:岳麓书社,2017. 5

ISBN 978-7-5538-0718-8

Ⅰ. ①诗 . . .　Ⅱ. ①野 . . .　Ⅲ. ①道家②《道德经》—译文

Ⅳ. ①B223. 14

中国版本图书馆 CIP 数据核字(2017)第 069061 号

SHISHU HUAPIN DAODEJING

**诗书画品道德经**

作　　者:野　云

责任编辑:饶　毅　赵志明

责任校对:舒　舍

整体设计:胡　斌

岳麓书社出版发行

地址:湖南省长沙市爱民路 47 号

直销电话:0731—88804152　88885616

邮编:410006

岳麓书社网址:www. yueluhistory. com

2017 年 5 月第 1 版第 1 次印刷

开本:710×1000　1/16

印张:17

字数:91 千字

印数:1—6 000

ISBN 978-7-5538-0718-8

定价:48. 00 元

承印:长沙超峰印刷有限公司

如有印装质量问题,请与本社印务部联系

电话:0731—88884129